至福の焚き火料理

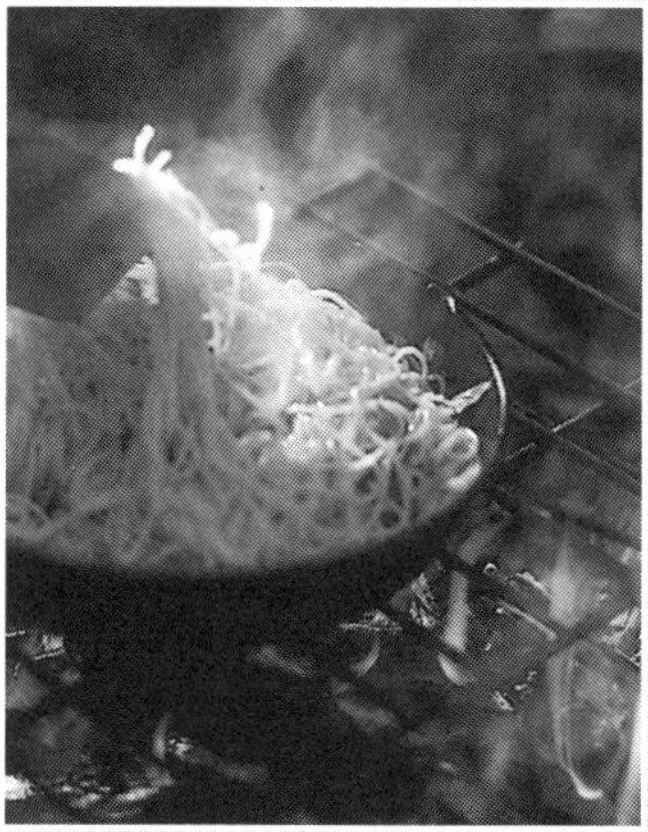

大森 博
Ohmori Hiroshi

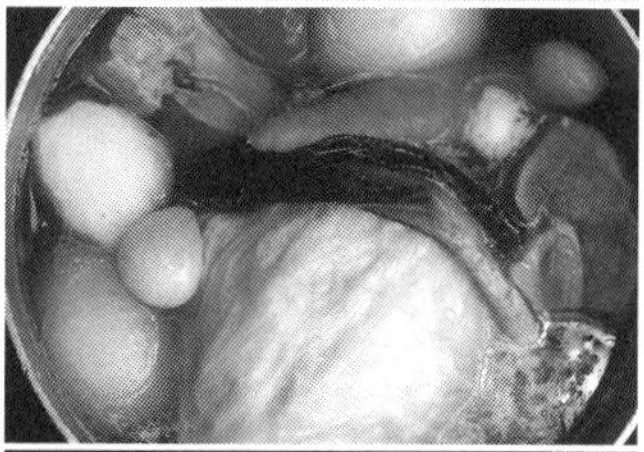

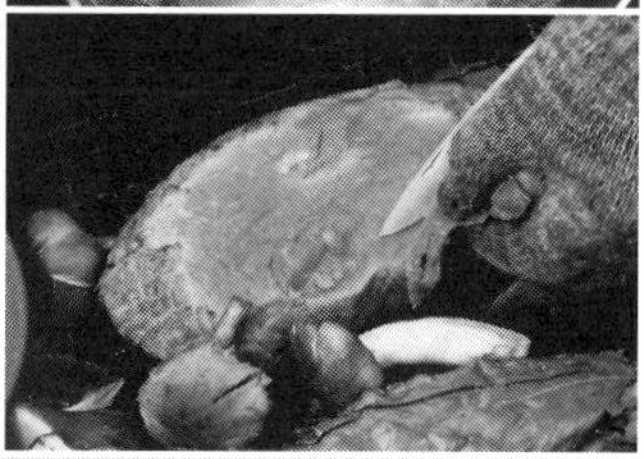

創森社

焚き火クッキングの醍醐味～まえがきに代えて～

日々の食事を焚き火で作っていたのは、思えばそう昔のことではない。私が子供の頃も、ご飯は薪《たきぎ》をくべてかまどで炊いていた。お風呂も薪。そして火鉢や七輪。そんな暮らしがつい最近まであったのだ。ガスの火があたりまえになったいま、そのことが嘘のように思えてくる。

焚き火はいま、生活の火から遊びの火となった。

都会を離れて野外に行き、煙が立ち昇る天然の火を焚いて、暖をとり、火と語り合い、料理を作ってみる。それは、いまや伝説となった火の生活空間をいまに再現させているのにほかならない。

料理の原点は、焚き火料理。さらに遡《さかのぼ》れば、行き着くところは野外料理である。私たちが野外の焚き火で肉や魚を焼いて食べることは、それ自体、何千年の昔となんら変わることのない作業なのだ。

ここに焚き火料理のロマンと醍醐味がある。

だから道具は少なく……。火の下に埋め、おき火にくべ、火のそばであぶり焼く。あるいは、必要最小限の道具をじょうずに使いこなす。飽食の時代といわれるいま、贅《ぜい》を削ぎ取ったそうした「素」の味をかみしめてみることは、かけがえのない体験になるだろう。

けれども、いま、野外の火は焚き火だけではない。多くの人が、ガス、白ガソリン、石油を使う。そのほうが便利なときもあり、また、自然にたいして優しいのも事実である。だが、焚き火ができる場所であれば焚き火がしたい、という願いがある。

そこで考えなくてはならないのが、自然と人との関係。

いま、自然と人との正しいかかわり方がせつに求められている。人が自然の中に入っていく限り、さまざまな問題が生じてくる。人の側から見れば、それはやむをえないことかもしれない。だからこそ、マナーを大事にし、自然を傷つけないためのいっそうの配慮が必要になってくる。焚き火もその例外ではない。身近にできることはたくさんあるはず。そのうえで、大いなる自然を満喫したいものだ。

自然にじかに触れ、自然の大切さを学び、自然と人とがいつまでも仲よくつき合える道を探る。——それが、ほんとうの「アウトドア」というものではないだろうか。

大森　博

至福の焚き火料理●目次

焚き火クッキングの醍醐味〜まえがきに代えて〜　3

I　野外の鍋は　これで決まり――煮る・炊くの術　11

黒ビールで煮込む　牛バラ肉のシチュー――12
無水鍋で堂々の主役　ハクサイの密室ショー――14
アメリカの農夫の味　カントリー・ビーンズ・スープ――16
塩ザケと酒粕の組み合わせ　和風ホワイトシチュー――18
手間いらずの自慢の一品　ハンバーグのロールレタス――20
ケセラセラのごった煮　キャベツのポトフ――22
コロンブスの大発見　定番凝り性カレー――24
辛さ一〇倍も自由自在　本格インド風カレー――26
北風が心地よくなる　キムチの汗だくチゲ――28
「秋」あるだけください！　バラエティー・キノコ鍋――30
母の温もり　あったか煮込みうどん――32
チキンも恥じらう!?　太ももの炊き込みご飯――34
免許皆伝　スタンダード・パエリア――36
冷や飯がアッと驚く　カニミソ雑炊――38
卵のうまさ新発見　ウニタマがゆ――40
季節の彩りと香りを満喫　混ぜご飯――42
残り火で作りおきしたい　南仏風ラタトゥユ――44

●目　次

ササッパパッとできるから　野草のササッパ茶——46
◆コラム①　餅は天才・保存食！——48

II　これぞ野趣　これぞ豪胆——あぶり焼き・石焼きの術　49

ダイナミックに炎に舞う　肉塊削り食い——50
限りなく豪快に　ガウチョ風あばら肉のアサド——52
お好みしだい　内臓を塩で焼く　パリジャータ——54
思わず舌なめずり　火あぶり丸ごとチキン——56
アウトドアの基本レシピ　川魚のおどり串焼き——58
野外の魅力満開　石焼き料理のＡＢＣ——60
石は天然のフライパン　土手みそからめ焼き——62
「焼け石に水」でジュワーッ　沸騰石焼き汁——64
◆コラム②　料理はセンスしだい——66

III　快炎の醍醐味　快宴の豊穣——包み焼き・埋め焼きの術　67

掘りたて　タケノコのかぐや姫焼き——68
自然を味わい尽くす　たたきの木の葉包み焼き——70
待てば至福の　牛舌の粗塩蒸し——72

コンブが絶妙　**マナガツオの西京風埋め焼き**――74
漁港直送　**鮮魚の天然塩釜焼き**――76
丸めて伸ばす　**チャパティーの焚き火焼き**――78
落ち葉焚き　ノスタルジアの　**焼きイモ**――80
ほっくりが魅力　**カボチャの詰め焼き**――82
独仏の味な競演　**ホットドッグ二種**――84
◆コラム③　多様な「粉」食を楽しむ――86

IV なんでも焼く　かまわず焼く――鉄板焼き・網焼きの術　87

カブトを脱ぐうまさ　**豚とマグロのスペアリブ**――88
雪の中でもヘイキ！　**スコップの豪快焼き肉**――90
フライもくふうしだい　**漬け込みのみそカツ**――92
秘密の贈り物　**木の芽のお好み焼き**――94
軽くて幸せ　**粉末ポテトのパンケーキ**――96
異端の傑作　**オリジナルチャーハン二種**――98
シンプルに決める　**正調ソース焼きソバ**――100
なぜかうまい　**イカスミ・スパゲティ**――102
阿鼻叫喚　テンヤワンヤ　**巨大オムレツ**――104
ついつい食べすぎてしまう　**貝焼き尽くし**――106
豪放なスタイル　**生サケのチャンチャン焼き**――108

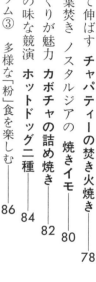

●目　次

「お見事」の声が飛ぶ　**一匹スズキの香草焼き**——110
たたき料理のフルコース　**貝サンガと板サンガ**——112
手作りのプロセスを楽しむ　**アジの干物**——114
ダイコンとキノコの　**ホットからみ餅**——116
手塩にかけない　**四角い焼きおにぎり**——118
◆コラム④　野外で飲むビール——120

Ⅴ　火を焚こう　炎を見つめよう——火つけ・火焚きの術　121

焚き火はまず、かまどづくりから——122
石を組むかまどの種類と作り方——124
壕かまどの特徴と作り方——126
枝を使うかまどの種類と作り方——128
枯れ葉・倒木・流木を集め、薪に——130
火もちのいい火床をしっかり作る——132
薪は「小から大へ」を基本に——134
便利な火だねや着火材を用意——136
おき火を作り、火力を調節する——138
禁止区域を避け、完全消火の確認——140

主材料別（掲載順）料理名さくいん　142

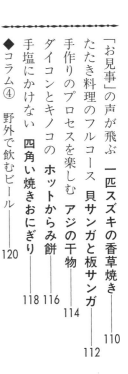

装丁――ビレッジ・ハウス
イラストレーション――おさとみ麻美
企画編集――いわかみ麻織
編集協力――岩谷　徹
取材協力――池田悦子
写真協力――小川清美

＊本書は、『「遊び尽くし」焚き火クッキング指南』(一九九五年刊)を改題し、復刊したものです。

I

野外の鍋は
これで決まり

煮る・炊くの術

キャベツのポトフ

●黒ビールで煮込む牛バラ肉のシチュー

●一鍋で完結が鍋の魅力

この料理は炊事当番を仰せつかったときに披露すれば、株が上がること請け合いの秘蔵レシピである。

でき上がってから、何で味つけしたのか質問しても、わかる人はちょっといない。後で聞かされて誰もが「エーッ」と驚く。正解は、黒ビール、赤だしみそ、トマトピューレである。

それでも、味が想像できないって？　よろしい、作りましょう。

用意するのは七、八人前で牛バラ肉一kg。スネ肉だと時間がかかるから、バラ肉をブロックで購入して大きいサイコロ状に切る。

タマネギ三個は、根のところを切り落とさないようにして、四〜六つ割りにする。

ダイコンは二分の一本を縦半分の半円柱にし、それをさらに四つくらいに切っておく。

●ほろ苦く、コクがあるうまさ

牛肉、タマネギ、ダイコンをバターで炒め、少しとろみをつけるため、小麦粉を少々ふるい落としてさらに炒める。トマトピューレの小瓶一本をからめたところに、黒ビール缶三本（約一〇〇〇ml）を加えながら、徐々に伸ばしていく。

水を少し足して煮込んだ後、コショウ、赤だしみそを適量溶いて味つけし、さらに煮込んでいく。一時間もすればトロッとしたシチューができ上がるが、煮込むほどに味の深みが増す。黒ビールを使っているのがわからないほどだが、食べるほどに、ほろ苦みが感じられる。

黒ビールと赤だしみそがうまみを醸成する
タマネギのつけ根を少し残して
４つ割りにすると、
煮くずれしない
ほろ苦みのある和風シチュー

●無水鍋で堂々の主役　ハクサイの密室ショー

●ハクサイと豚バラ肉の濃密な密会

野外ではいろいろ鍋を作るが、なかでもとりわけ好評なのがこの無水鍋だ。「煮る」というより、水を使わず野菜の水分を利用して「蒸す」鍋料理である。ハクサイの持つ本来のうまみを熱で引き出し、肉とのコンビネーションが絶妙な味のハーモニーを奏《かな》でる。

それをポン酢しょうゆと七味とうがらしで味わう。水炊きやちり鍋のように煮汁がたっぷりの料理は、むしろ煮汁に味つけし、うまみの出た汁をともに味わいたいが、こうした無水鍋のときこそ、ポン酢が素材の濃密なうまみを引き立ててくれる。

材料は薄切りの豚バラ肉とハクサイ。ハクサイ一個に対して豚バラ肉四〇〇gぐらいが目安。ハクサイは鍋物では重要な役割を果たしながらも、その淡泊な持ち味で脇役に徹してきたが、ここでは堂々の主役。それも密室で豚バラ肉と二人だけの濃密なひとときを持つ。

●素材のうまみを最大限に引き出す

ハクサイは細かく刻んでしまうとうまみも野趣も薄れるから、大ざっぱに一枚を三つくらいに切る程度。

鍋はなるべく厚手で、深い、フタつきのものを用い、鍋底にハクサイを敷く。豚バラ肉、ハクサイと交互に重ねていき、鍋いっぱいに入れて、上から酒をふりかける。

フタをして直接火にかけ、弱火で二〇～三〇分。ハクサイが豚バラ肉との濃密なラブシーンを終えて、ヘナーッと鍋の半分ほどになっていたら、でき上がり。

ハクサイと豚バラ肉を交互に積み重ねる
かまどは大きな石でしっかり組む

20分ほどででき上がり！
ヘナーッと半分ほどの量に

あっという間になくなるほどの人気

アメリカの農夫の味 カントリー・ビーンズ・スープ

●水煮の素材缶詰を使って手早く料理

簡単、早い、うまい、と三拍子そろった野外料理。

野外では下ごしらえから本格的に凝《こ》って作るのも楽しいが、時間がないときには、各種のインスタント食品が強力な助っ人になってくれる。

ラーメンなどのインスタント食品、味つけされて温めればいいだけのレトルト食品、フリーズドライ食品、缶詰、これらに生鮮食料品を組み合わせて調理すると、意外なおいしさを発見する。

とくに役立つのが水煮の素材缶詰。熱を通せばすぐに食べることができるし、味つけはほとんどされていないから、どんな調理にも対応できる。

●大鍋でたっぷり作りたい

アメリカ農夫の料理をイメージした豆のスープ。

タマネギ、ニンニクを粗くみじん切りにし、バターとサラダ油を混ぜて炒める。コンビーフ缶詰を入れてほぐしながら、さらにウインナソーセージを加えて炒める。

次に、水煮缶詰のトマト、缶汁をきった豆を入れる。豆は白インゲンでも、ダイズでもなんでもよろしい。ひたひた程度に水を注ぎ、ビーフブイヨンを入れて、味つけした後、バーボンウイスキーを少々、塩、コショウ、それにチリパウダーをたっぷり入れて、辛めにコトコト煮る。豆を多めに用意し、四分の一ほどつぶしてから煮込むとドロッと仕上がる。好みの問題だが……。

タマネギとニンニクを粗みじんにして炒める

バーボンでカントリービート

ドロッとするまで煮込むとうまい

塩ザケと酒粕の組み合わせ 和風ホワイトシチュー

●材料は初めに鍋にぶち込む

新巻きザケは白ザケの塩漬け。近頃のは薄塩で保存が従来ほどきかないが、その分、焼くだけでなく、煮物、鍋物、雑炊と利用範囲が広くなり、野外ではとても重宝する。数ある塩ザケ料理の中でも、おいしくて体が温まるのが和風ホワイトシチューだ。

材料は、適当な大きさに切った塩ザケ、皮をむいて丸ごとか、半分に切ったジャガイモ、根の部分を切り落とさずに四～六等分したタマネギ、乱切りにしたニンジン、ゴボウ。

鍋に水を入れ、だし昆布を敷いたら、材料を全部ぶち込む。だしの素を入れてさっそく火にかけよう。魚は沸騰してから入れるのがセオリーと思い込んでいる人もいるが、鍋のときは最初から入れてじっくりうまみを汁に引き出す。後はアクを丹念にすくうことだ。

●みそは赤白ミックスさせ、酒粕を加える

さて、火が通って、ジャガイモがやわらかく煮えたら、西京みそと信州みそを半々に混ぜ合わせて鍋に溶かし込む。薄いみそ汁程度の味がいいだろう。

次に、板状の酒粕に湯を加え徐々に伸ばしてドロドロにしたものを、鍋に溶かし入れ、味をみながら好みの濃さにととのえる。さらに、ひと煮立ちさせてこってりしたところにバターを入れてコクを与える。

ポイントは火加減。酒粕を入れたら火勢を弱めること。さもないとホワイトシチューがブラウンシチューになってしまう。塩ザケと酒粕が余ったら、サケの粕漬け焼きで朝から一杯。

材料は豪快に全部ぶち込み火にかける

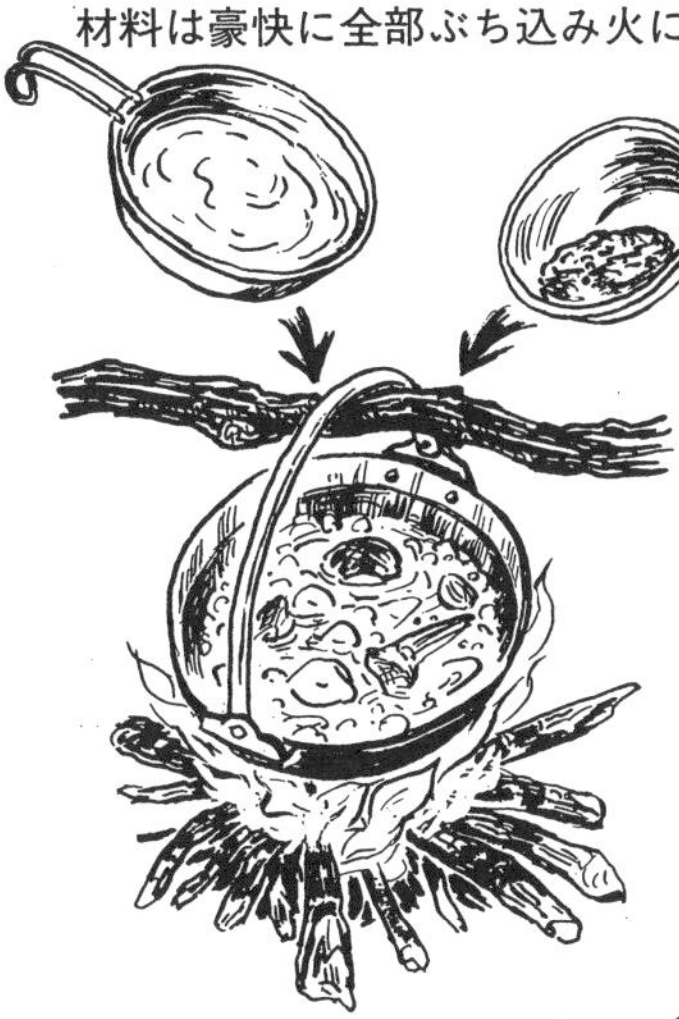

新巻きザケはアウトドア向きの素材。
必要分を切り分けて持っていこう

でき上がりにバターを入れるのがミソ

手間いらずの自慢の一品 ハンバーグのロールレタス

●手抜き料理に創造力を発揮する

野外料理は、手間をかけないのが基本である。だが、インスタント食品やレトルトものに頼りすぎて、袋を開ければ二分で食事というのもあじけない。

そこで「疲れたー、作るのめんどう」なんてときや、「もっと遊びたいから料理は手抜きしようよ」なんてときに、手抜きしたという後ろめたさを感じることなしに、超簡単、手間いらずで、おまけにおいしく食べられる料理を一品！

こういう技を持っていると、いざというとき助かるので、日頃から固定観念にとらわれない柔軟な食品の利用法を考えるクセをつけておく。料理は創造力と応用力のたまものなのだ。

●トマトジュースとコンソメ、トマコン風

モデルはロールキャベツ。だが、ひき肉はレトルトハンバーグ、キャベツは下ゆでが簡単なレタス、トマトソースをトマトジュースで、という堂々の手抜き料理。しかも、うまいのだ。

まず、レタスを一枚一枚バラして、サッと熱湯をくぐらせる。ハンバーグを三等分して手で軽くにぎって丸みをつけ、レタスで巻き込み、つまようじで止める。

鍋にロールレタスを入れ、トマトジュースをひたひたに注ぎ、水少量とコンソメの素、コショウを加え、しばらく煮込む。沸騰したら、弱火で約二〇分待つだけ。トマトジュースとコンソメを合わせるだけで、あっと驚く「味知《みち》との遭遇」が体験できる。

ハンバーグを３等分して
軽く握る
レタス１個につき、ハン
バーグ３個、トマトジュ
ース１缶が目安
ロールキャベツの
要領で、レタスで
巻き込む
TOMATO JUICE
手間いらずで、このおいしさ

●ケセラセラのごった煮キャベツのポトフ

●ポトフはフランスの田舎料理

「ポトフ」は「火にかけた壺」という意味。つまり鍋料理のことで簡単にいえば、まあ、ごった煮のようなもの。だから、料理もノンポリ、ケセラセラでよろしい。

ポトフはスープが決め手だ。いいだしがとれるベーコンの塊を切り分けて鍋に沈める。ほかに、牛のバラ、スネ、テール、鶏肉、ソーセージ、なんでも結構。野菜はキャベツが主役、このほかタマネギ、ニンジン、ジャガイモなど。

キャベツもタマネギもバラバラにならない程度に芯をつけたまま四つ割りにする。ニンニクは殻つきのまま浮かべておくと、見た目もオシャレで、食べてもうまい。

これらの材料を水から煮て、アクをすくったら、後はじっくり煮込むだけ。一時間もすれば、ハフハフ舌鼓が打てる。素材のうまみが舌を溶かすに違いない。

●うまみを生かす脇役たち

味つけは塩コショウだが、コンソメの素を入れると味がしまる。ベーコンから塩分が出るから、塩は控えめにして、あくまでも薄味に仕上げる。最後に好みでバターを少々。

これだけで、まろやかな味わい深いスープができ上がる。もちろん、じっくり煮上がったベーコンや肉、しっとりやわらいだ野菜のうまさはいうまでもない。

さらに好みで、フランスパンを浸して食べたり、餅を入れるのも意外なうまさ。いまにもとろけそうなキャベツと餅の競演は、味わい十分だ。

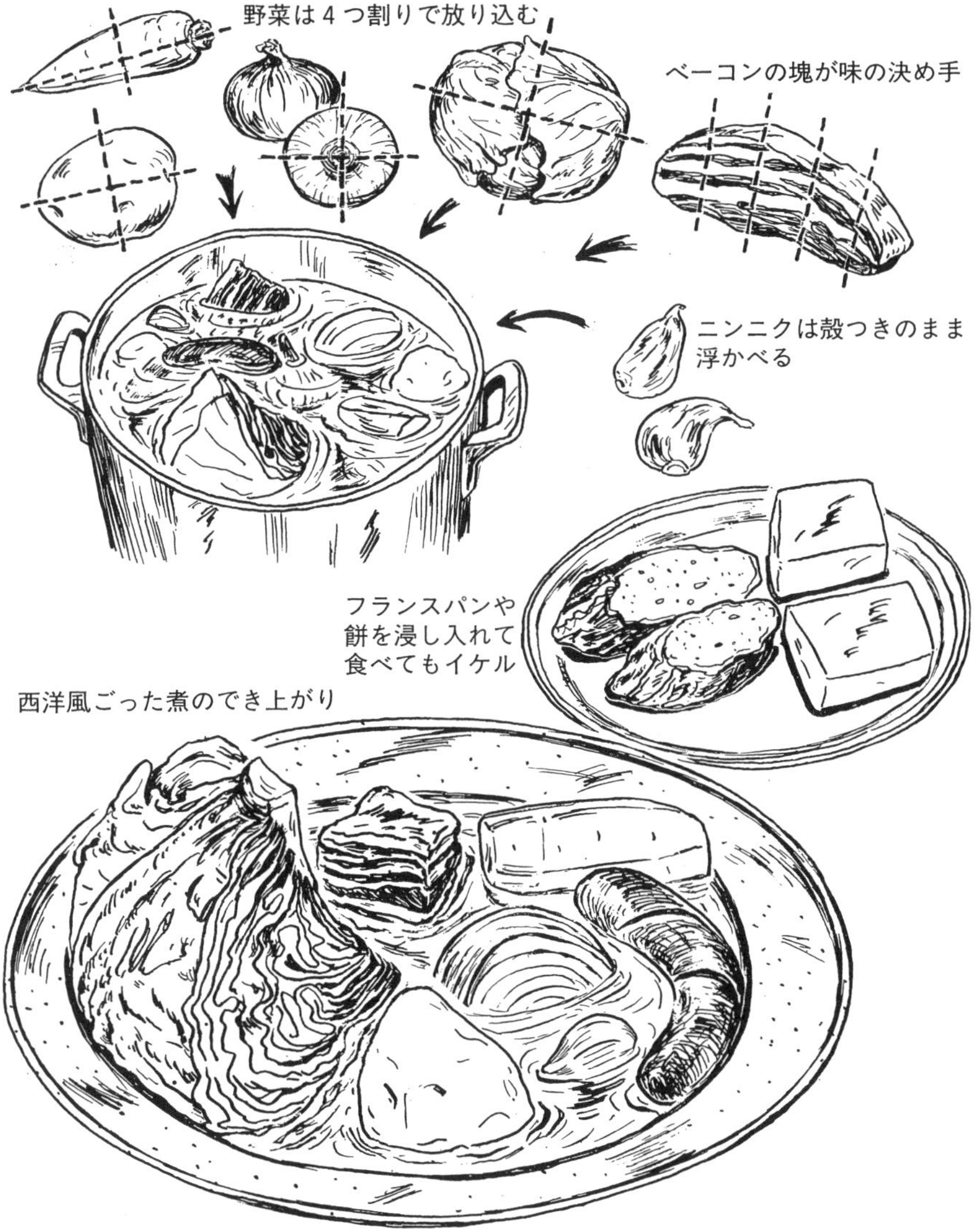
野菜は4つ割りで放り込む
ベーコンの塊が味の決め手
ニンニクは殻つきのまま
浮かべる
フランスパンや
餅を浸し入れて
食べてもイケル
西洋風ごった煮のでき上がり

●コロンブスの大発見定番凝り性カレー

●麺つゆで味つけして片栗粉でとろみ

豚肉、タマネギ、ニンジン、ジャガイモとくれば、これは定番カレー以外にない、と思い込んでいる皆さんの予想を裏切って、「家庭定番カレーもどき」でいながら、でき上がりは「外食和風カレーもどき」という、なんだかよくわからないけど、食べれば納得、というカレーを作ってみよう。

素材は、適当な大きさに切っておく。

豚肉とタマネギを炒めた後、ニンジン、ジャガイモを加え、水を注いで加熱し、野菜に火が通ったら、麺つゆでそば風に味つけをしておく。

そこに、カレールーでなく、カレー粉を多めに入れて煮込み、仕上げに水溶き片栗粉を加えて、とろみをつけるだけである。

●麺類にかけてカレー南蛮風

と、ここまでくると、具は定番カレー風でありながら、でき上がりはそば屋のカレー南蛮風であることに気づくだろうが、即席麺つゆで味つけしているところが「コロンブスの大発見」……!?。

具を多くすると、ご飯に合うが、具が少ないと、麺類にもよく味がなじむ。具が多すぎると麺が負けてしまうのだ。主食の素材により調整しよう。

初めはご飯で具をたっぷり食べて、残ったら、麺類で食べるのもいいだろう。

簡単に作れて、体が温まり、野外にピッタリのカレー。いつものカレーに飽きたら、一度お試しを。ご飯によし、うどんによし、そばもよし、スパゲティならもっとよし？

コロンブスの大発見!?
ご飯によし
スパゲティによし
うどん・そばによし

●辛さ一〇倍も自由自在 本格インド風カレー

●スパイスの特質を覚えて応用自在

カレールーを用いずに、香辛料だけを使って、本格的インドカレーを作ってみよう。各種スパイスの特質を知れば辛さの加減も自在にできる。スパイスの基本配合例を参考に、レパートリーを広げていただきたい。

《四、五人前の基本例》

☆クローブ（刺激的な香り、ほろ苦み）七〜八個
☆カイエンペッパー（激辛）大さじ二
☆ブラックペッパー（辛み、香り）大さじ一
☆クミン（香り、辛み、ほろ苦み）大さじ二
☆シナモン（独特の香り）二cm幅
☆カルダモン（香り、ほろ苦み）七〜八個
☆コリアンダー（香り）大さじ二
☆ターメリック（黄色の色づけ）大さじ二

●激辛カイエンペッパーに泣くか笑うか

タマネギ、ニンニク、ショウガを好みの量すりおろし、配合したスパイスに少量の水を加えて混ぜ合わせる。

鍋にサラダ油を熱して、混ぜ合わせたものを弱火で約一五分炒め、完熟トマトをつぶして入れ、弱火で約三〇分、さらにプレーンヨーグルト、ブツ切りにした鶏のもも肉を加えて煮込む。

最後に、塩で味をととのえ、ガラムマサラ（調合ずみの香辛料）を加えて少々煮込み、火を止める。しばらく放置して味をなじませ、再び火を加えて食べる。

さまざまな香辛料の入った小箱を一つ持っていくと、野外ではとても重宝。カレーのみならず、洋風料理のイメージが広がる。

完熟トマトを用いる
タマネギとニンニク、ショウガを
すりおろし、スパイスを混ぜる
スパイスを生かした本場の味・インドカレー

北風が心地よくなる キムチの汗だくチゲ

●タラコ入りチゲにヒントを得て明太子

韓国では「鍋」をチゲというが、魚介類のチゲにタラコが入っているのにヒントを得て考案した、ちょっとピリ辛のチゲである。

材料は魚介類でもなんでもいいが、ここでは薄切りの牛肉と白菜キムチが主役。明太子が名脇役といったところ。白菜キムチは市販品を買っていってもいいし、キムチの素を用いて、自分で手作りしてもいい。明太子は前もって一cmぐらいに切っておく。

用いる素材はほかにネギ、ニラ、エノキダケ、それに焼き豆腐。ネギは大きめに斜め切り、ニラは三cmぐらいにざく切りしておく。

●寒い季節に超おすすめ

最初に、ニンニクとショウガをみじん切りにしてゴマ油で炒め、香りがたったら、牛肉を手早く炒める。

次に、白菜キムチと明太子を入れて炒め、エノキとネギも炒める。酒と水を注いで、ひたひたになったら焼き豆腐を食べやすい大きさに切って加え、コトコト煮込む。

しばらく煮込んだら、みそを加えてさらに煮る。このときにしょうゆを少々隠し味に加えてもいい。

最後にニラを入れて煮えたら、でき上がり。キムチの辛さ、明太子の辛さがミックスされて、ピリ辛の汗だくチゲができる。

韓国では辛いものを食べて体を内側からポカポカ温めて、きびしい寒さを乗りきっているが、このチゲも冬が一番。ニラは鍋にとてもよく合うスタミナ野菜なので、たっぷりと用いたい。

白菜キムチをざく切りにする
からし明太子を1㎝ぐらいに切る
体がポカポカ温まるピリ辛チゲ

「秋」あるだけください！ バラエティー・キノコ鍋

●秋のキノコをふんだんに

キノコを用いて、東北の秋の風物詩、芋煮《いもに》会《かい》風のキノコ鍋。

材料のキノコは、原則として山の麓のＪＡ（農業協同組合）などが経営する売店で調達しよう。木に生えるブナハリタケ、ナメコくらいはなんとかわかるが、土に生えているものはよほどの知識がないと心配だからだ。

キノコの産地に行けば、珍しいキノコがいっぱい出回るから、シメジ、マイタケ、クリタケ、イグチ、ショウゲンジ、コウタケなど秋の味覚をふんだんに盛り込むとしよう。

主役はバラエティー豊かなキノコ。

脇役は、本来ならば主役級の合鴨《あいがも》、それに芋煮会風の雰囲気を出すには最高のサトイモに演じてもらう。

●合鴨が脇役のぜいたくな鍋

サトイモは皮をむいて、塩もみし、水洗いしてから下ゆでしておく。こうしておくと、ねばつかない。

ネギもザクザクと斜め切りに。

鍋に、サトイモ、薄切りにした合鴨、キノコ類を入れて、水を張り、酒も加えて火にかける。だしの素を入れてしばらく煮込み、しょうゆで調味する。最後にネギを入れれば、後はひたすら舌鼓。各種キノコのシコシコした歯ざわりと独特の味覚を満喫できる。

合鴨だとかなりの脂が浮くので、アクといっしょにていねいにすくうこと。あくまでも主役はキノコなのでふんだんに用いる。

仕上げに焼き餅を入れるとおいしく、腹もちもいい。

立ち木は木のツルを使って
きっちり組む
主役はキノコ
シメジ
マイタケ
イグチ
コウタケ
ショウゲンジ
クリタケ
後はひたすら舌鼓

●母の温もりあったか煮込みうどん

●だし入りみそに豚肉を漬け込んで持参

肌寒い秋の夜長。こんなときには、煮込みうどんで心底温まるに限る。インスタントのカップうどんでも救われる思いがするが、手作りとなると、味わいも格別。プロセスをゆっくり楽しみながら作りたい。

じっくり煮込んだスープをひと口すすれば、胃袋にじんわりしみ込み、体のすみずみまで温もってくる。

豚バラ肉の薄切りか、コマ切れ肉をだし入りみそに漬け込んで持っていく。みそ漬けにしていくと、保存がきくし、だし入りなので、ほかの調味料がいらず手間が省ける。

●豚汁から煮込みうどんへ変身の術

ダイコン、ゴボウ、ニンジン、油揚げ、ネギを適当な大きさに切り、鍋に水を張って、ネギ以外の材料を入れ、漬けてきた肉をみそごと鍋に入れて、火にかける。

最初は実だくさんの豚汁を作るのである。煮立ってきたら、ネギを入れ、最後にうどんを入れてハフハフ熱々を食べる。

まず豚汁をつまみに一杯やって、最後にうどんを加えて主食として食べるという二段構えを楽しむのは、いかがだろう。

うどんは真空パックのものを持っていくと日もちがして便利。山梨県の郷土料理、ほうとうセットを持っていくという手もある。

キムチを入れるのもおいしそうだ。ほどよい辛味がうまみをさらにひきたててくれるだろう。一つの鍋を大勢で囲むのは焚き火料理の大きな楽しみ。洗い物も一つの鍋ですんでしまうから、便利至極だ。

まず豚汁をつまみに１杯

野外料理の必殺技。
豚肉をだし入りみそに
漬け込んで持参する

だし入りみそ

次にうどんを加えて主食に

真空パックのうどん

ほうとう

チキンも恥じらう!? 太ももの炊き込みご飯

●野外ではとがずにできる米料理を

トルコのピラフ、イタリアのリゾット、スペインのパエリア、これらは日本でいう炊き込みご飯である。

米不足の折に救世主として登場したタイ米は、日本人にはパサパサしすぎるのか、敬遠されてしまったようだが、ピラフや雑炊などにすれば伸び伸びした肢体を生かせて、本領発揮できたのである。

暑い国々で食べるサラリ、パサリとしたインディカ米の味わいはそれなりにいいものだ。野外料理を志す者は、いつでもどこでも、どんな米でもうまいと感謝して食べられるだけの広い度量と遊び心を持たねばならない。

●チキンはパリパリに皮を焼く

鶏もも肉入り炊き込みご飯は、まずフライパンにサラダ油を熱し、骨つきのもも肉を皮だけパリパリに焼くことから始める。あまりに白い太ももでは、色っぽすぎるから、少し日焼けさせておく。

厚手の鍋を火にかけて、バターでみじん切りのタマネギ、ニンニクを炒め、米を加えて透き通るまでよく炒める。米はとがずに入れてもなんら問題はない。

米と同量の水を加えたら、コンソメの素とシメジなどのキノコ類、鶏もも肉を入れ、塩コショウで調味。フタをして沸騰させた後、弱火にして約三〇分炊く。一〇分ほど蒸らした後、フタを取れば、チキンの太ももが恥じらうように中央に横たわっている。

じっくりと蒸されるので、身ばなれがよく、ほぐして混ぜて食す。

米は透き通るまでよく炒める

皮だけパリパリに焼く。皮が
おいしくなり、見た目もよい
チキンもも肉

横たわる太もも肉を
ほぐして食べよう

●免許皆伝スタンダード・パエリア

●たまには豪華なレシピもいいもんだ

スペインで食べたパエリアのうまさは忘れられない。魚介類がたくさん入ったのや、ウサギだけのシンプルなものまで、さまざまなパエリアがあり、さらに、米はとがずに炒める、と聞いて驚かされた。所変われば、米の種類も認識も違うということだ。

その後、研鑽《けんさん》を重ね、パエリアは得意料理の一つ。野外でできる簡単なレシピを紹介しよう。

四人分の材料は、米三カップ、鶏もも肉二本（できれば骨つきがいい）、豚バラ肉一〇〇g、ソーセージ四本、エビ八尾、ムール貝一二個、アサリ一二個、タマネギ一個、ニンニク二かけ、トマト水煮一個、グリンピース（ミニ缶）半分、オリーブ油半カップ、サフラン少々、塩、コショウ。

と、まぁ、豪華絢爛《ごうかけんらん》に材料をそろえる。

●米を炒めて具と煮込む

フライパンにオリーブ油の半量を熱し、鶏肉、豚肉、ソーセージ、エビを炒め、塩コショウをふって、いったん取り出す。

残りのオリーブ油を入れ、みじん切りのタマネギ、ニンニクを軽く炒めて香りを出し、米を洗わずに加えて、透き通るまで炒める。

次に、最初に炒めた具をフライパンに戻し、六カップの水を加え、トマトの水煮とサフランを入れ、さらにムール貝とアサリを加えて、塩コショウで味をととのえる。

中火で加熱して、水分が少なくなってきたら火を弱め、グリンピースを散らしてでき上がり。

具は放射状に散らすと、きれいに仕上がる

スペインで食べたパエリアの
うまさは忘れられない

野外パエリアもおいしい

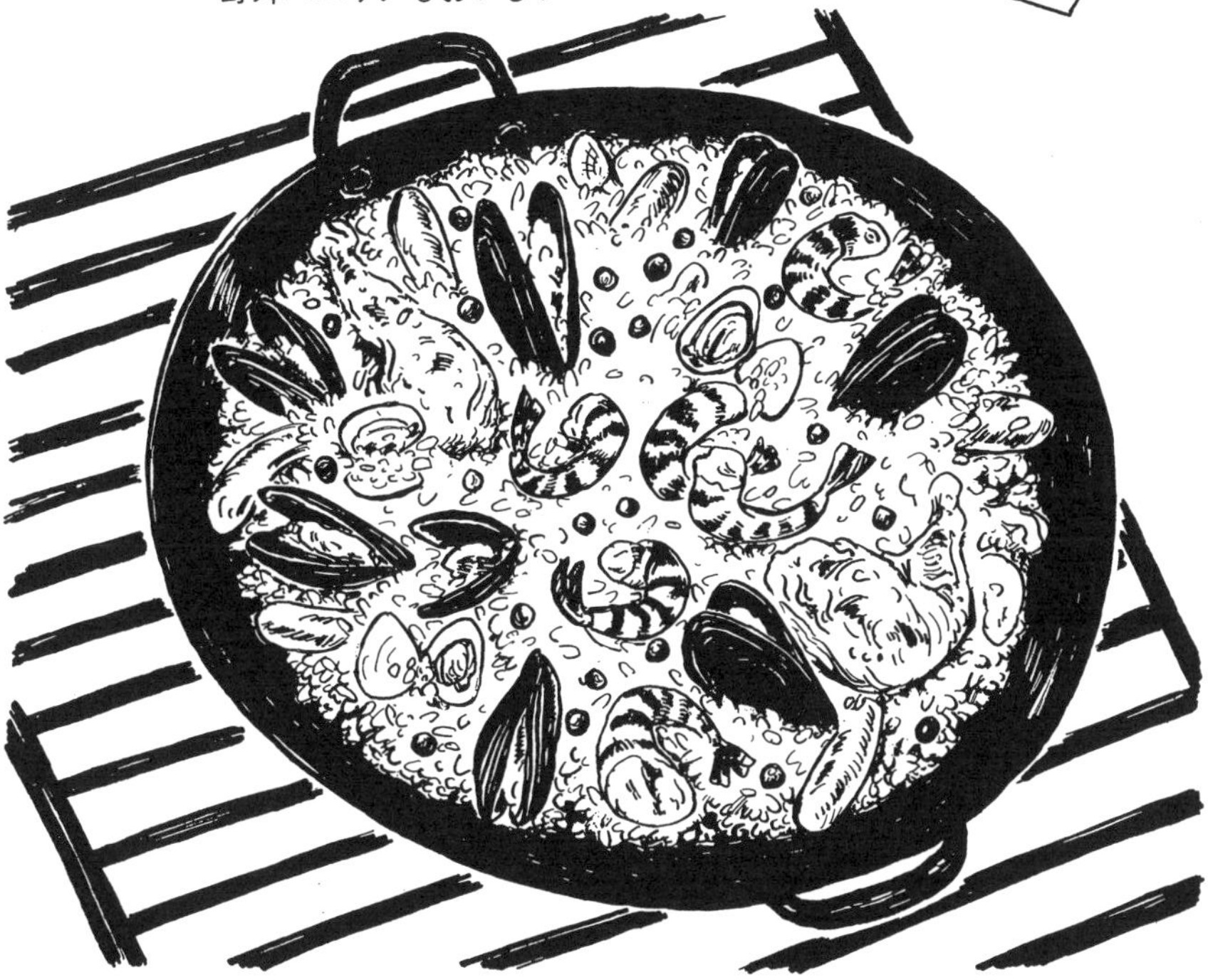

●冷や飯がアッと驚くカニミソ雑炊

●冷や飯の『マイ・フェア・レディ物語』

冷や飯はわびしい。「冷や飯食い」といわれれば、サラリーマン社会ではズシンと心に響くらしい。冷や飯は残りものだ。いわば、やっかいものである。本当は残らなくてもいいのに、残ってしまったという後ろめたい気持ちがあるからなのだろうか……。

だが、山男はそんな冷や飯にも優しい。冷や飯を見たら、チャーハン、雑炊などのさまざまな料理が目に浮かび、自在に数々の味を創り出してしまう。だから、朝食の飯を、夕食時にいっぺんに炊いたりするのだ。

花売り娘イライザを素敵な令嬢に変身させた『マイ・フェア・レディ』のように、冷や飯を変身させてみせようではないか。それも最高級のうまさに。

●カニミソこってり、アサツキどっさり

用意するのは四人前ならカニ缶一缶とカニミソ缶小一缶、それに卵二個、というわけで、めざすは「カニミソ雑炊」。

冷や飯に水を張って火にかける。グツグツ煮えてきたら、すばやくカニ缶、カニミソ缶を入れ、溶き卵を流し込む。おかゆと違って、雑炊はサラッとしている程度でいい。味つけは塩でととのえる。個性的な素材ほど、味はシンプルに。

最後に、アサツキを思いきり散らす。アサツキの緑が美しく、見た目もあざやか、味も最高。

あの冷や飯がねぇ……。変身の見事さに驚くほどのうまさなのだ。これに味をしめると冷や飯を見る目が違ってくる。

カニ缶、カニみそ缶、卵
アサツキをたっぷり切る

●卵のうまさ新発見ウニタマがゆ

●たまたま「タマタマがゆ」になりまして

海の近くでキャンプするなら、ぜひウニタマがゆを作ってみたい。

現地の魚屋さんで求めた新鮮なウニと、おかゆには欠かせない卵。

全がゆを作って、生ウニ、溶き卵を入れてかき回し、塩少々で調味する。ほんの少々隠し味程度にしょうゆを加えると、よりいっそううまい。

ウニも卵だから、ウニ、鶏の「タマタマがゆ」ということになる。ウニは火が通りすぎないよう、おかゆができ上がる寸前に入れるのがコツ。

色美しく、磯の香り高い逸品なので、せいぜいノリをふりかける程度でシンプルに味わおう。

●おかゆはポパイのホウレンソウ?

中華街ではおかゆのおいしい店が行列をなしている。でも、店で食べるおかゆは量が少ないせいか、なんか物足りないんだな。

その点、野外ではお代わり自由だし、入れる具も自由だし、おかゆが生き生きしている。「疲れたー、食欲がない」と疲労困憊《こんぱい》している人がおかゆを口にしただけで、元気回復なんて例は数しれない。おかゆは、食欲増進の役割も果たしてくれる。

おかゆには次の種類がある。

全がゆ　米一、水五の割合
七分がゆ　米一、水七の割合
五分がゆ　米一、水一〇の割合
三分がゆ　米一、水二〇の割合

野外ならば全がゆか七分がゆがいいだろう。

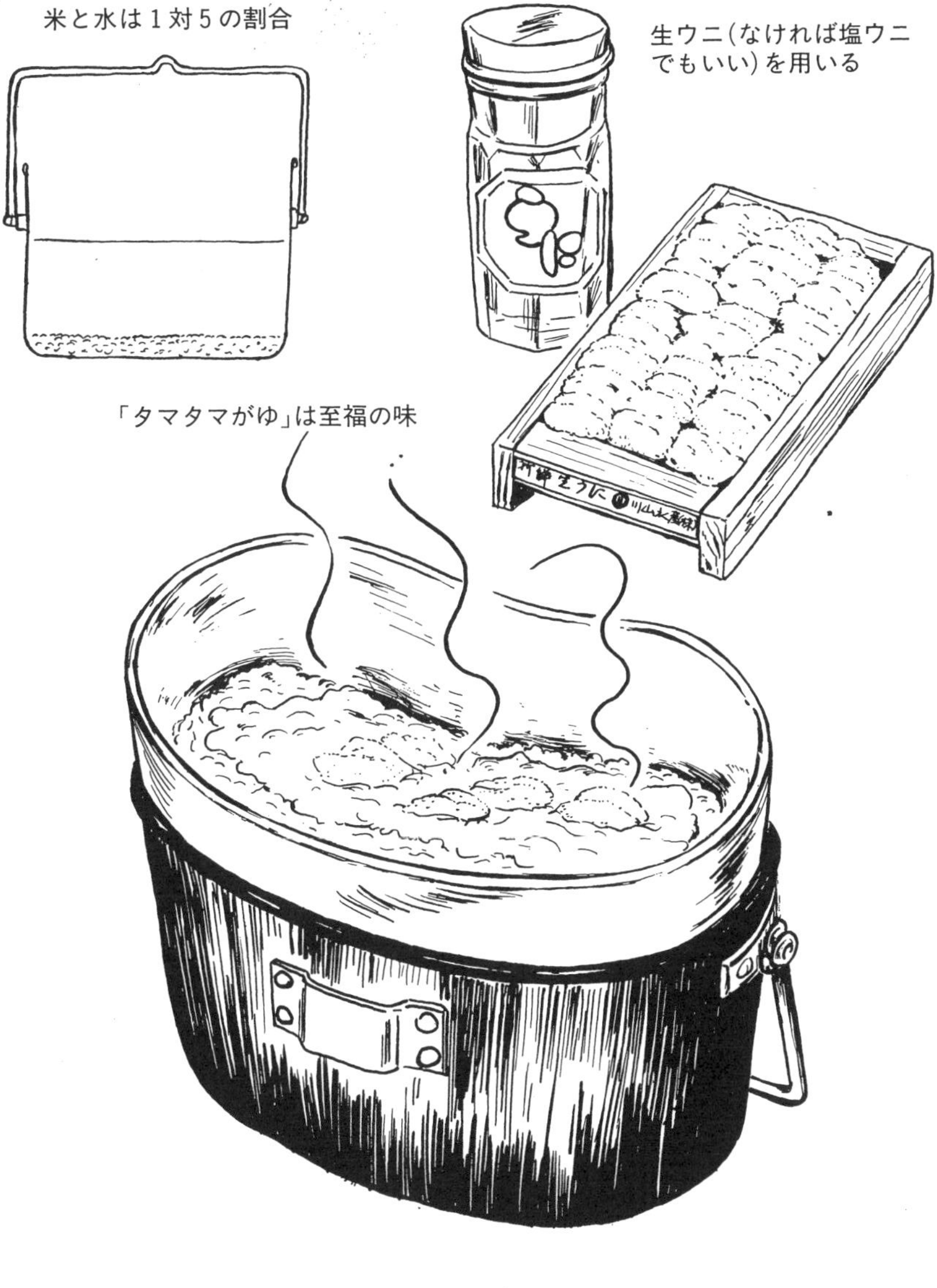
米と水は１対５の割合
生ウニ(なければ塩ウニでもいい)を用いる
「タマタマがゆ」は至福の味

●季節の彩りと香りを満喫混ぜご飯

●混ぜご飯は想像力を刺激する

炊き込みご飯は具を入れて炊くのに対し、混ぜご飯は炊き上がったものに具を入れる。

何を入れようかとぼんやり考えるのも楽しいし、おっ、これを入れようなんて、突然野草を摘んだりするのも楽しい。

あれ混ぜよう、これ混ぜようと考えながら、でき上がったときのみんなの意外そうな顔を想像するのも楽しい。

米は酒と塩を入れて炊く。米一合に対し、酒大さじ一を加えた同量の水が基本。後はうっすら塩気を感じる程度に塩を加える。入れすぎては取り返しがつかないから、最初は少なめにし、でき上がってから調整する。

この基本を守って、混ぜご飯のバリエーションを作っていくのが、楽しい。

●混ぜご飯はシンプルに季節を楽しむ

春はセリやフキノトウ。どちらも下ゆでしたのを細かく刻んで混ぜる。セリは多めに、苦みのあるフキノトウは少なめに。

桜の満開の頃は、塩漬けの桜を水で戻して、ご飯に散らし、花見をしながら、花ご飯を食べよう。

秋ならば菊の花。シンプルに季節を楽しむ。ミョウガの独特な味わいも混ぜご飯に合う。刻んで炊き上がりに入れる。

新ショウガは爽やかな香りが持ち味。薄く刻んで混ぜ込む。

一品だけでなく、コンビネーションを楽しむのもいい。カマスの干物を焼き、炊き上がりに身をほぐしたのを入れて、新ショウガを薄く刻んで混ぜるのもオツ。

米１合に酒大さじ１。うっすら塩味が
ご飯の基本
あれにしよう
これにしよう
季節をシンプルに混ぜて楽しむ

●残り火で作りおきしたい 南仏風ラタトゥユ

●冷菜でも温野菜でもOKの八方美人

さわやかな夏の朝には、夏野菜を生かしたラタトゥユで南プロヴァンスの風を感じよう。

ラタトゥユは、トマトソースでいろいろな野菜を煮込んだもの。南仏では前菜やつけ合わせに用いられている。

肉のグリル、魚のムニエル、何に添えても似合うという八方美人的存在だが、これはそのまま食べてもうまい。

温かいできたてでも、翌朝までとっておいて冷たくしてもうまいから、前の晩のうちに作りおきしておこう。

●これがあれば、朝食がはずむ

ナス、トマト、ピーマン、タマネギ、キュウリ、ズッキーニなどの野菜をサイコロ状に大きさをそろえて切る。

鍋にオリーブオイルを熱し、みじん切りにしたニンニクを入れてじっくりと香りを出す。

野菜は火の通り具合が違うので、かたいものから順に炒めていき、塩コショウで味をととのえたら、ブーケガルニを入れ、野菜から出た水分とともに弱火で一〇〜一五分煮込む。

ブーケガルニはパセリの茎やセロリ、ローリエなどの香辛野菜をガーゼに包んでヒモで縛ったもの。ブーケガルニという横文字だけで面倒に感じるならば、セロリを少々、サイコロ状に切って野菜に加え、ローリエを入れて煮込んでもいいだろう。

目玉焼きやポーチドエッグを添えてもオシャレだが、半熟のほうが美味。ポーチドエッグは、湯に酢をおとして、卵を割り入れて作る。

かたいものから順に炒める。
弱火で煮込むだけで
気分はプロヴァンス

野菜はサイコロ状にそろえて切る

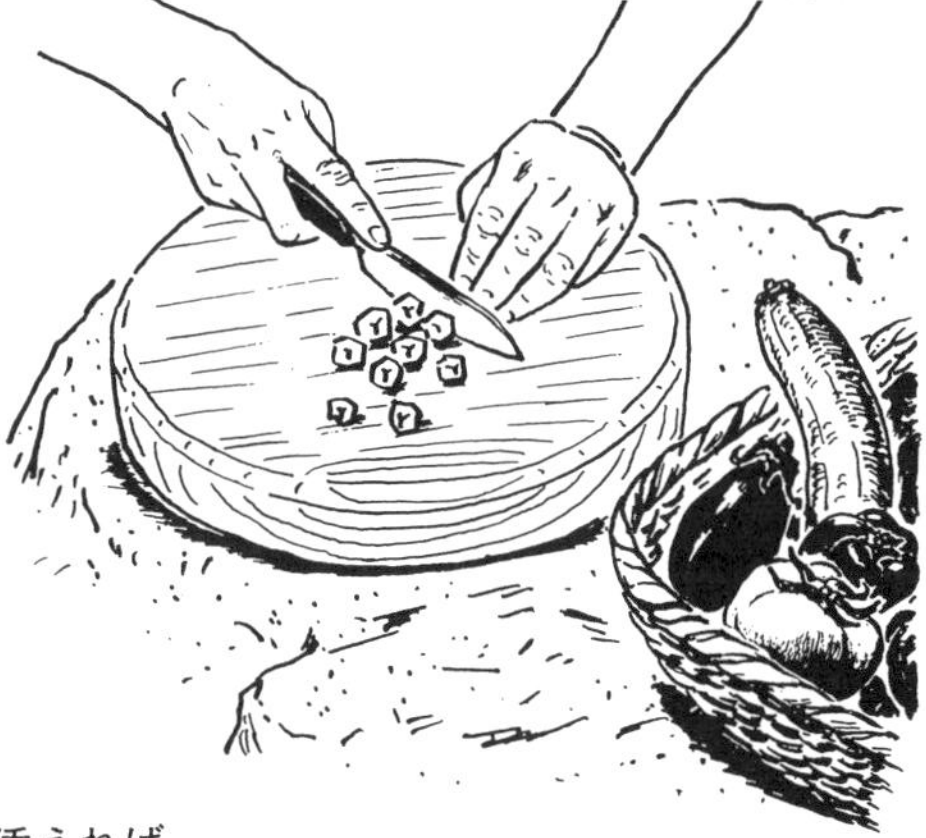

作りおきしておいてポーチドエッグを添えれば、
おしゃれな朝食に

ササッパパッと できるから
野草のササッパ茶

●お茶づくりの知恵に学ぶ

大自然の中でしばし歩みを止めてお茶を飲みつつ、ぽっかりと浮かぶ雲を眺める。この幸せはなにものにも代えがたい。

魔法瓶のお茶でも、沸かしたお湯にティーバッグでも悪くないが、そこは野外、野趣あふれるササッパ茶を楽しんでみるのもいい。しまった、お茶を忘れたというときにももちろん役立つが、むしろ積極的に嗜《たしな》んでみたい。

中国に発祥し、二〇〇〇年の歴史を持つというお茶は、昔はいろいろな方法で作られ、お茶の木を枝ごと手折って、焚き火であぶり、その場で土瓶に入れて湯を注ぐというやり方があったそうだ。

ササッパ茶はこのやり方とまったく同じで、簡単にお茶ができてしまう。原料はクマザサかチシマザサ。土瓶はコッフェル。それに火と水があれば、どこでもできる。サバイバルの香りいっぱい。野草茶の一服はたまらない。

●食欲がないときは、とくにおすすめ

クマザサの根元を持って、こがさないようにカラッと、だけどほんのりこんがり色がつくようにあぶる。コッフェルの中に水を張っておいて、あぶったササを次々に入れていく。

相当量のササを入れたら、コッフェルを火にかける。沸騰すると、クマザサの香りがたってくる。日本茶のような黄色い色で、清々しい香りがいい。これぞ大自然の贈り物。

クマザサは最近野草茶として人気があり、胃炎など、胃の病に煎《せん》じて飲むといいそうだ。食欲がないときには、このお茶を飲んでおくだけでも救われた気分になる。

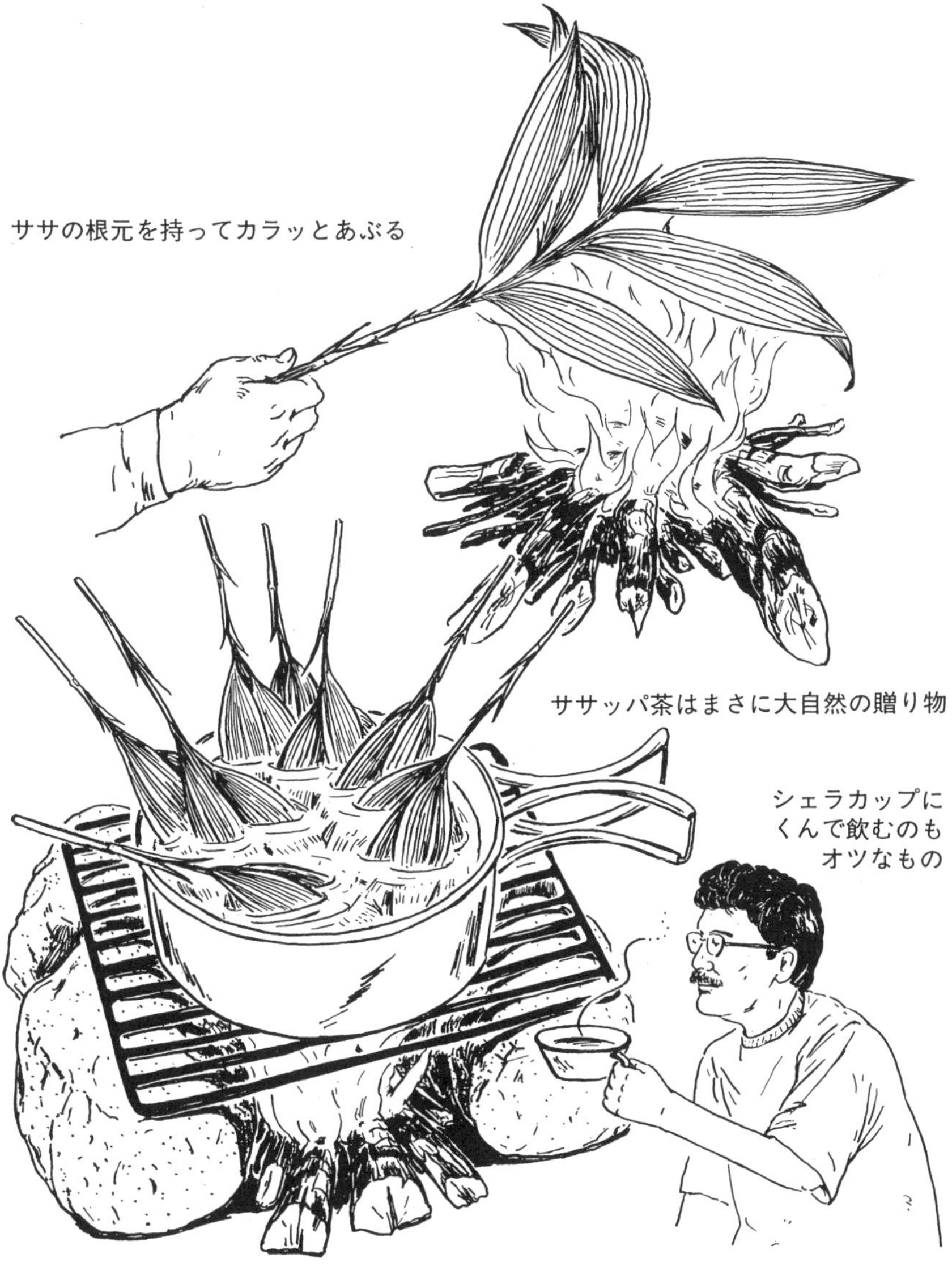
ササの根元を持ってカラッとあぶる
ササッパ茶はまさに大自然の贈り物
シェラカップに
くんで飲むのも
オツなもの

◆コラム①
餅は天才・保存食！

毎日食っているから？　うまくできたためしがないから？　――誰かが作ってくれるなら話は別だが、野外で「ご飯」を炊くことがあまりない。たいていは、主食は麺か餅。

とりわけ餅が好物である。

調理は簡単。日もちはする。料理のバリエーションも豊富。ついでに腹もちまでいいときている。

どちらかといえば、美食追求型のオートキャンプよりも、山のテント場向き。飽食のご時世に野外に来てまで贅沢《ぜいたく》をしなくても……、という人向きである。

磯辺巻きはいわずもがな、しょうゆの焦げる香りを想像しただけで垂涎《すいぜん》ものだ。網がなければフライパン。洋食味にも意外に合う。フライパンで焼いた餅にレトルトのシチューなんかをぶち込んで温め、直接食べる。

やっぱり和風というなら、焼かずとも手はある。ゆでてみることだ。つきたての感じが味わえていい。器にとり、大根おろしをのせてしょうゆをかければ、からみ餅。納豆をかければ納豆餅。アズキ缶詰でお汁粉もできる。

一杯やりながらみんなで鍋を囲む。

「来てよかったなー」とつぶやくひととき。豚汁、芋煮鍋、キノコ鍋、ポトフ。鍋を肴《さかな》にほろ酔いの後、餅をしのばせる。

南米アンデス、アコンカグアのベースキャンプで思いついた餅料理の傑作（？）。ちょっとひもじい感じがしないでもないが、器にお茶漬けの素を入れておき、ゆでた餅をゆでたお湯ごと注ぎ入れる。名づけて「餅茶漬け」。疲労困憊《こんぱい》、食欲不振の我が身には天使のごとく優しい日本食であった。

餅は完全無欠の保存食。

餅は天才なのだ。

II

これぞ野趣　これぞ豪胆

あぶり焼き・石焼きの術

火あぶり丸ごとチキン

●ダイナミックに炎に舞う肉塊削り食い

●肉を丸ごとあぶり焼く

バーベキューはカリブ海に浮かぶ西インド諸島の「バルバコア」が語源で、野外にしつらえた炉のことをいう。炉で狩猟してきた肉を焼くスタイルがアメリカに渡って、西部開拓時代にバーベキュー料理として確立したらしい。だから、本来は串焼きといったチマチマしたものでなく、限りなく豪快に肉を丸ごとあぶり焼くものなのだ。

●作って食べて、焼き方自在

用意するのは牛もも肉の塊。四、五人で約一kgが目安。焚き火の上に網をのせ、全体に塩コショウした肉塊に鎮座してもらう。

下のほうからジュワーッと焼けてくる。そうしたら、転がしてひっくり返し、焼けた部分をナイフで削り取ってかぶりつく。削った部分に塩コショウして、また返す。焼きながら、食べながら、作る工程＝食べる工程になっているのがミソだ。そぎ具合によって、レア、ミディアム、ウェルダンが調整できる。肉は、サーロインだと転がすのに苦労するから、もも肉がベストである。

ともあれ、男も女も狩猟時代に戻った気分で、じっと肉塊を見つめ、食べる時期をうかがう。やがて、おもむろにナイフを握り、肉を削いで食らいつく。この食べ方は無上に楽しい。そして、うまい。野性味あふれるバーベキューの原点がここにある。

人間の内々にひそむ野性の本能が焚き火によって呼び戻されるひととき。肉塊がしだいに小さくなってくると、肉塊と炎の饗宴もフェイドアウト。かくて満腹、満足。

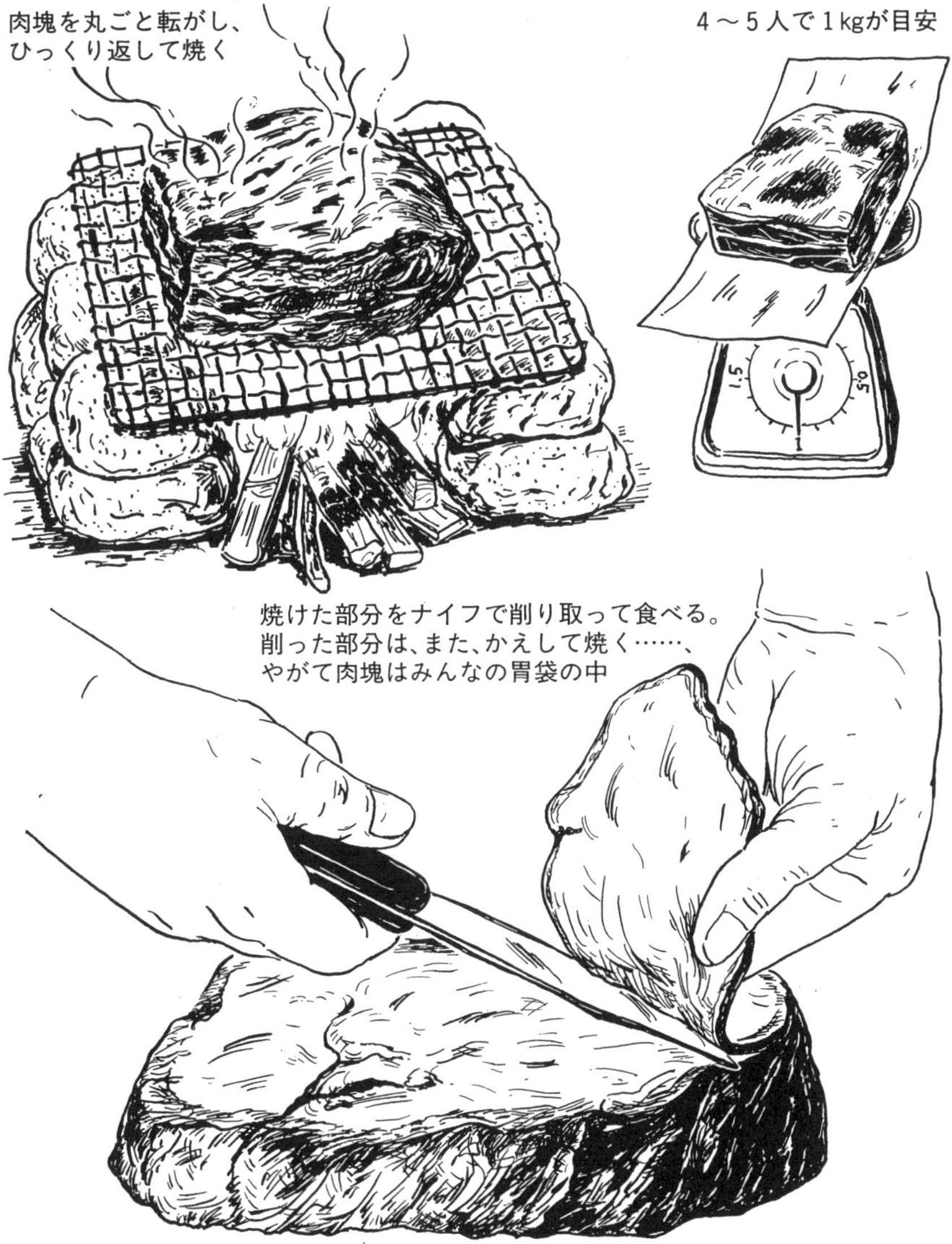
肉塊を丸ごと転がし、
ひっくり返して焼く
4～5人で1kgが目安
1.5
0.5
焼けた部分をナイフで削り取って食べる。
削った部分は、また、かえして焼く……、
やがて肉塊はみんなの胃袋の中

限りなく豪快に ガウチョ風あばら肉のアサド

●アサドはアルゼンチンの焼き肉料理

南米アルゼンチンでは、家々の庭にかまどがしつらえてあり、デッカイ肉の塊をじっくりあぶり焼くアサドパーティーが盛んに行われる。

アサドは、もともとガウチョ（南米草原地方のカウボーイ）の料理。馬にまたがり、広大なパンパ（草原）を牛の群れとともに彷徨《ほうこう》したガウチョが好んで食べた野外料理なのだ。

太い鉄串に牛の肉塊を突きさして焚き火のそばに立てかけるのが正調。だが、そんな鉄串はそう簡単に手に入らないから、ボクたちがやるのなら、ちょっと気分はそこなわれるが網焼きが無難な線だ。

アサドとくれば、あばら肉が一番。脂がのり、厚みもないから火の通りが早い。

メキシコではガブリットというヤギのあばらの炭火焼きを食べたが、臭《くさ》みがなく、実にうまかった。牛に固執せず、ヒツジ、ヤギ、豚など、柔軟な目で肉を選び、野外に運ぶ。

あばらの肉を網にのせ、鞘《さや》におさめたナイフを腰の後ろにさして、マテ茶ならぬササッパ茶でもすすりながらガウチョスタイルでウィルダネスの気分にひたろうではないか。

●塩をすり込んで、遠火であぶる

味の基本は塩。岩塩といきたいところだが、ここは粗塩《あらじお》で我慢する。塩のみで十分いけるが、ブラックペッパーをまぶすのもいい。塩、あるいは塩とブラックペッパーを手のひらでしっかりすり込む。後は火加減など気にかけながら遠火でじっくりとあぶり、やがて訪れる至福のときを待つ。

南米では肉を鉄串にさし、遠火でじっくりあぶり焼く
お待たせのあばら肉に、いざ攻撃開始

お好みしだい内臓を塩で焼くパリジャータ

●アルゼンチンではアサドより人気

アルゼンチンでは肉だけを焼くのをアサドというが、内臓もいっしょに焼いてしまうのをパリジャータといって、パリジャータを食べさせる店をあちこちで見かける。日本ではアサドのほうが知られているが、現地ではむしろこちらのほうがポピュラーだ。

四隅に足のついた炭火のスタンドが運ばれてきて、自分たちで焼きながら食べるのだが、この炭火スタンドがよくできていて、脇に風穴があって上からも脇からも炭がくべられ、立って作業ができる。上には網でも鉄板でものせられる。

今宵はパリジャータをまねて、焚き火に鉄板をわたして内臓料理を満喫してみようではないか。

●あっさりと塩味で焼く

アルゼンチンの肉食のバイタリティーはすごい。肝臓、心臓、腎臓、胸腺、子宮、胃、腸、脳、舌、血など、およそ内臓といえるものは全部胃におさめてしまう。これらを薄く塩漬けしたものを焼いていく。

注文すると血のソーセージが必ずついてくるのだが、これが極めつきのうまさだった。

内臓には好みがあるから、適当にみつくろって、薄く塩をまぶしておき、好みの焼き加減で食べる。塩味だけの調味――これはまったくシンプルだが、内臓とはこんなにうまいものかと再確認させてくれる。

野菜は焼かずに、あっさりとサラダで箸《はし》休めとして食べるだけ。ビタミン豊富な内臓に野菜は不要ということなのだろうか。

パリジャータで内臓のうまさを再確認

思わず舌なめずり 火あぶり丸ごとチキン

●今夜のいけにえは丸ごとのトリ

いけにえを火あぶりしながら火のまわりをなにやら唱えながら踊る。映画でこんなシーンを見ると、いけにえに同情したくもなるが、いざ焚き火で同じようなことをしてみると、憐れむどころか舌なめずって待つのだから、二重人格もいいところだ。

今夜のいけにえは、丸のままのトリ。鶏、キジ、ウズラなど羽根を取り除いたものをトリ専門店で調達しておく。これはすでに食用、と納得させ、焚き火の前で、ジキル氏に変身する。

さっそく、太めの木の枝を探しにいこう。

●大きなトリは針金で留めてズレを防ぐ

鶏やキジのような大きなものは木の枝を頭部から尻にかけて突き通す。

金串を二本、頭部と尻からおのおの五㎝ぐらいのところに枝に直角になるように通し、回転させてもズレないように枝に針金で固定しておく。小さなトリなら両端を固定するだけでいい。

砂糖一、しょうゆ、酒、みりん各二の割合で火にかけ、どろっとするまで煮詰めてタレを作る。

焚き火を作って、トリを固定させた枝をわたし、適度に回転させながら、ハケでタレを何度も塗って焼き上げる。大物ならば約二時間、ウズラなど小物なら約三〇分、遠火の中火でじっくりあぶる。焼き上がったら、丸のままかぶりつこう。

やがて、いけにえが骨と化したら、おもむろに炎を眺め、鎮魂歌《レクイエム》を捧げるとしよう。

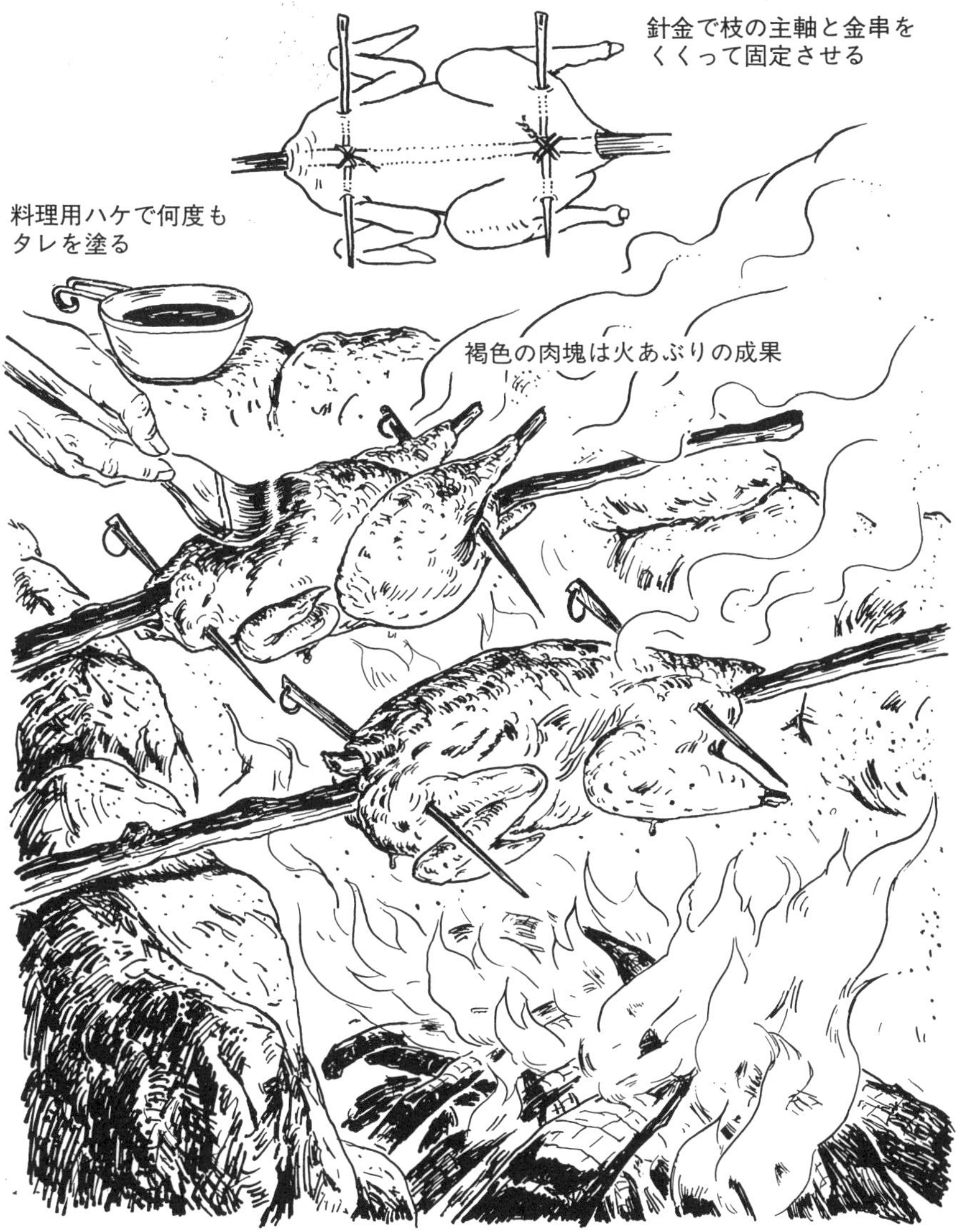
針金で枝の主軸と金串をくくって固定させる
料理用ハケで何度もタレを塗る
褐色の肉塊は火あぶりの成果

アウトドアの基本レシピ
川魚のおどり串焼き

●とったその場でおどり串に挑戦

釣りたての川魚をその場で味わう。これぞ野外料理の醍醐味というもの。アユ、イワナ、ヤマメ、姿を思い浮かべただけで垂涎ものだ。食べ方はいろいろだが、うまいのはやっぱり塩焼き。どうせなら、野趣にあふれる焚き火串焼きといきたい。だが串のさし方ひとつで、うまそうにもまずそうにも見えるのがむずかしいところ。この機会に、おどり串をマスターし、仲間の尊敬を集めようではないか。

●焚き火のまわりで喜びに至る

串は細い木の枝か竹。拾ってきて五〇cmほどの長さにそろえ、両端を削る。

はらわたが美味なアユ以外は、腹底をさいて内臓を抜き取る。(以下右ききの場合)

右手で串、左手で魚の背が右、腹が左に来るようににぎってまな板におき、頭をもたげて半折りにする。口から串をさして中心部分に運び、魚を返して再びまな板におく。尾を立てて、上の皮ぎりぎりのところを骨をよけながら通し、尾びれのつけ根近くに突き通す。

と、まあ、いかにも簡単そうだが、実戦ではどうなることやら……。とにかく回数を重ねてコツを会得することだ。

生き生きと見事にうねった魚に塩をふる瞬間は心躍る。それを炎から三〇cm以上離して地面にさす。土がかたかったら、大きめの石で固定してやろう。後は一度返してじっくり焼き上げ、串ごとむさぼるだけ。

焼いた川魚で作る炊き込みご飯や雑炊がこれまた美味。川原で一泊、というときにはぜひ味わってみたい。

拾ってきた枝で串を作ろう
うねるように踊るようにさす
火から30㎝以上離して、じっくり焼く

●野外の魅力満開石焼き料理のABC

●石を自然のかまどとして利用する

石焼きは、山奥で代々生活してきた人たちの伝承料理である。それをまず理解すべきだ。山の仕事小屋に移り住み、木を伐採し、炭を焼き、あるいは焼き畑に従事する、そんな生活を通して生まれたもの。山仕事の合間に、仕事のしまいに、冷えた体を焚き火で温めながら石を焼き、川魚や野鳥、ワナにかかった野ウサギ、春には山菜、秋にはキノコなどの山の幸を石で焼いた料理である。

まさに風土がはぐくんだ、野外料理、男の料理の原点といえる。

仕掛けは酔狂だが、都市生活で疲弊した精神に喝《かつ》を入れる意味で、また、山暮らしの知恵と道具を身をもって体験する意味でも、一度はやってみる価値がある。

●火力十分、余熱で調理

川原に出たら、大きく薄く、表面の平らな石を探す。三〇～五〇cmの大きさで一〇～二〇cmの厚さの石を、二、三個は欲しい。

平石がのる幅で、大きな石を平行に並べてかまどにし、焚き火をする。約二時間、交代で火を絶やさないように見張り、その間は料理の下ごしらえをするもよし、獲物をとりにいくもよし。

石が焼けたら、太めの木材をテコにして焚き火からはずす。このときけっしてひっくり返さないこと。材料がススだらけになってしまう。危険を伴う作業なので、あくまで慎重に。焼けた石の熱は強烈だ。二〇分以上はゆうに余熱が持続する。勢いが衰えたら、次の石を取り出し、全員すみやかに移動する。

スコップで火床を 10〜20 ㎝掘る

石を火床の縁に平行に並べる

表面が平らで薄め、幅広の石を探し、火床の上にのせる。2 時間ばかり焚き火をすると、驚くほど熱力が強くなる

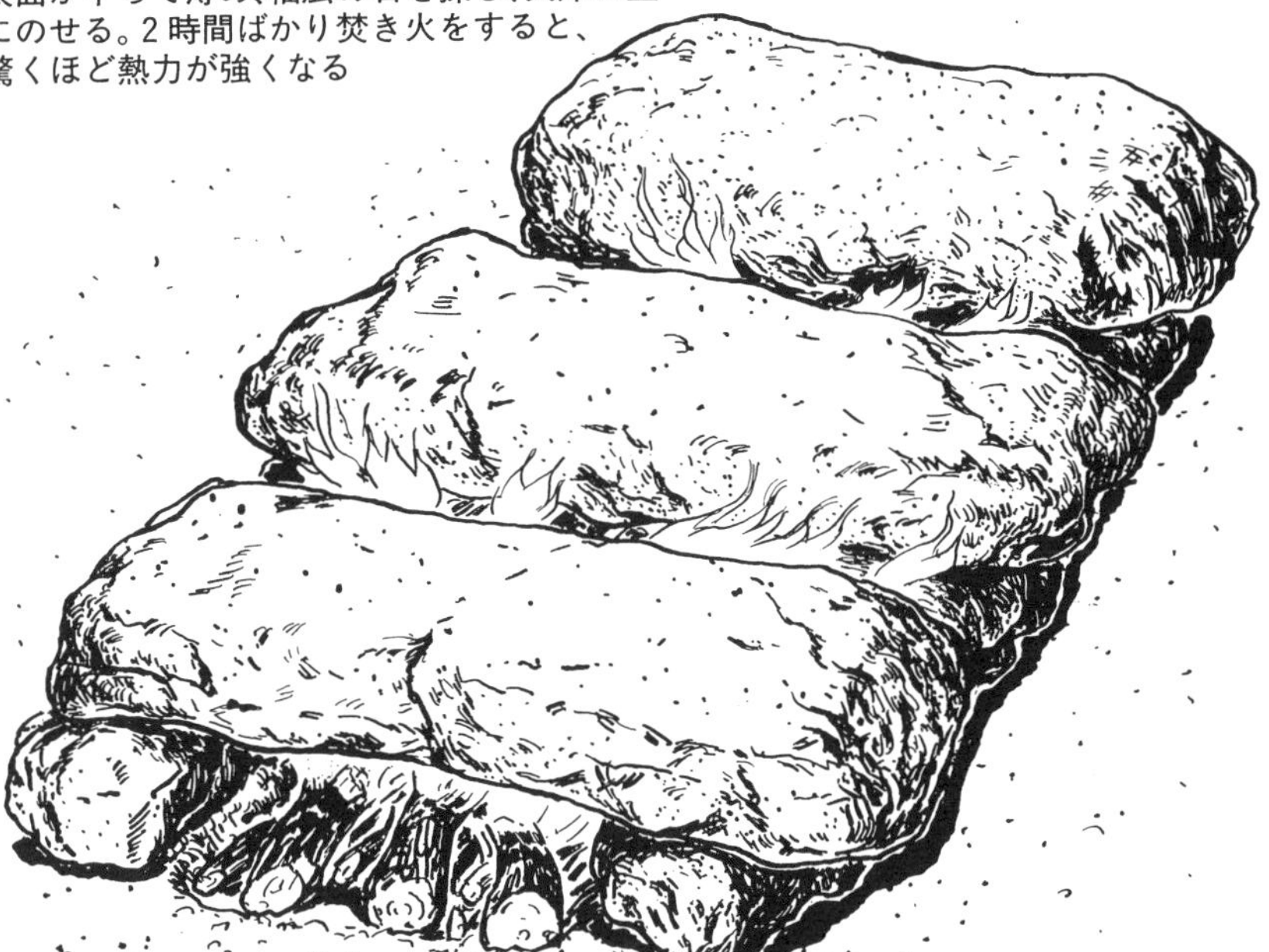

石は天然のフライパン 土手みそからめ焼き

●豪快に焼き、一気に食らう

石焼きの精神と基本ノウハウを前項で紹介したが、いよいよ実践編。釣った川魚や山で採った山菜、持参した肉や野菜をさっそく石で焼いてみよう。

頃は春、渓流の川原。

魚釣りや山菜採りには、かまどを組み、石を焼き始めてから出かける。その間、交代で、あるいは専任で火を維持しながら石を見守る。

やがて二、三時間の後、いろいろな獲物が集まってきた。メインはイワナ、それにミズ、山ウド、フキ、コゴミなどの山菜、念のために持ってきた牛や豚の薄切り肉、ハクサイ、ネギ、エノキ、シイタケ、焼き豆腐など。

焼いた石を取り出したら、みそで四方に土手を作り、サラダ油とバターを落として、ワタを抜いたイワナや山菜を放り込み、鉄板焼きの要領で焼いていく。イワナに火が通ったとみるや、酒をふりかける。高らかな快音と同時に湯気が立ち昇る。すかさずみそをからめて一気に片をつける。しばしの休戦をはさんで次の石に挑むとしよう。

●「死に石」に要注意

俗に「死に石」といわれる石がある。焼いているときはなんともないのだが、水をかけると割れたりひびが入ったりする石のことで、石を選ぶ段階でそれを判別するのは至難の業である。

石が焼けたかどうかは、水をかけた反応を見て判断するので、そのときに、適した石か、死に石かがわかる。ただし、割れ目が入ったくらいなら、使ってもなんら問題はない。

みそで四方に土手を作る

水をかけて、ジュワーッと湯気が
あがったら、石が焼けた証拠

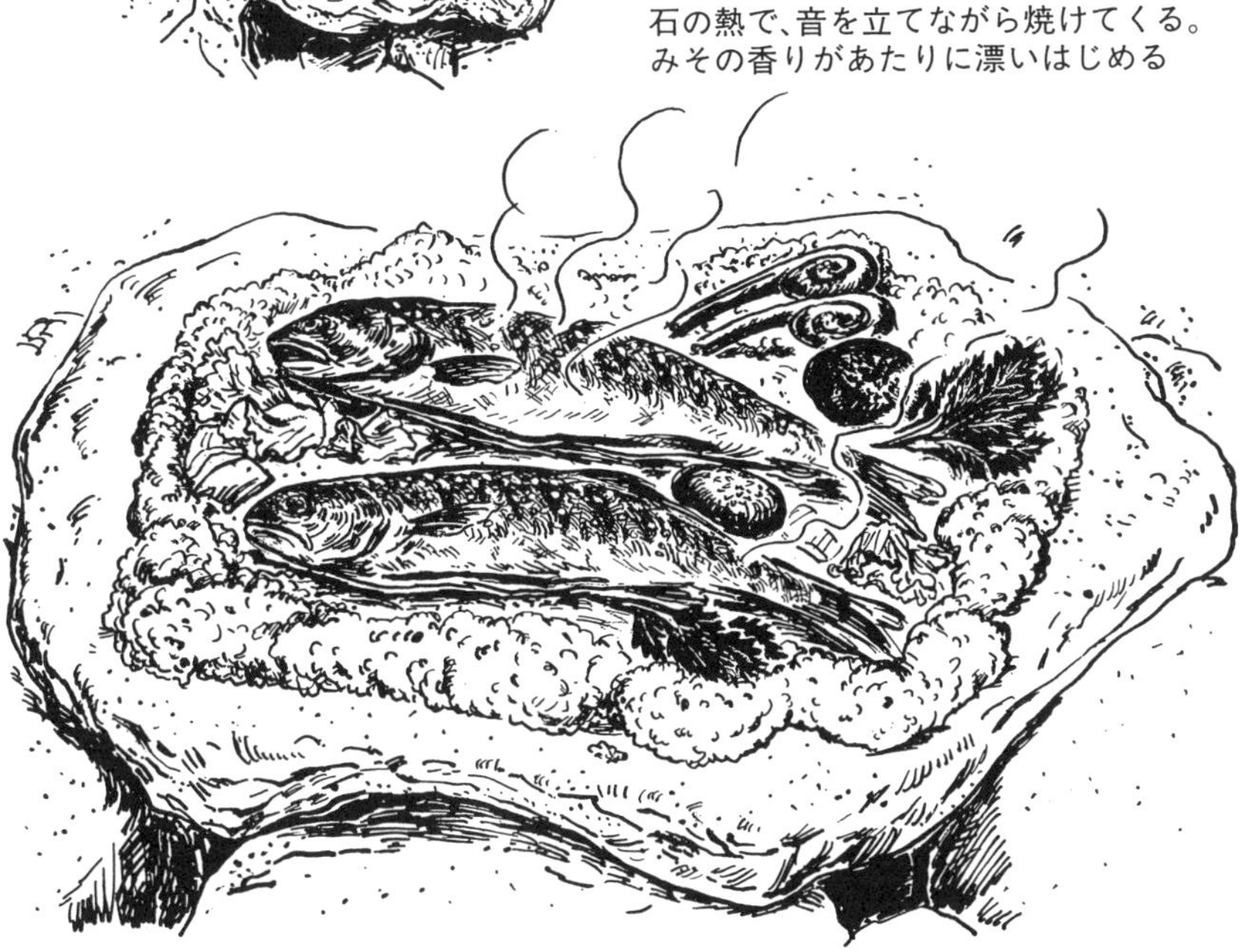
石の熱で、音を立てながら焼けてくる。
みその香りがあたりに漂いはじめる

●「焼け石に水」でジュワーッ沸騰石焼き汁

●石を集めて焼いた後のお楽しみ

石を使った伝統的な料理をもう一つ。「石焼き汁」を作ってみよう。

これは秋田県の男鹿《おが》半島に伝わる漁師料理で「わっぱ煮」と呼ばれるもの。「わっぱ」は、漁をした魚を持ち帰るための木の桶のことで、それに焼いた石を放り込み、魚のみそ汁を作ったものである。つまり、鍋があれば鍋を火にかければいいわけで、木の桶ゆえの必然性がこの料理にはあるのだ。

でも、いまどき、わっぱなど身のまわりに存在しないから、矛盾を感じつつ鍋でやる。

まず、大きな焚き火を作り、にぎりこぶし大の石を七、八個集めてよく洗い、ススがつかないよう炎の下に埋めて一時間ほど焼く。

材料の魚はムツなどの白身が最高だが、アジやイワシでも結構。ホタテやカキ、ハマグリなどを入れると汁のコクが増す。それにハクサイ、ネギ、シュンギクなどの野菜。みそ味の寄せ鍋風に、みそとみりんを少々。魚は素焼きしたものでもいいが、ここは手間を省いて生のブツ切り。瞬間加熱のため、魚からだしが出にくいから、粉末だしも加える。

●石を沈めたら、いただきます

これからが見もの。石の熱演が始まる。

ガンガンに焼けた石を炭ばさみで三、四個取り出して次々に鍋に放り込む。すると、アッという間にジュワーッと沸騰してくる。これは感動ものだ。効力が薄れたら石を取り出し、新たに二、三個入れる。それを二、三度繰り返すとおいしい鍋ができ上がる。

石の威力はとにかくすごい。

炭ばさみで焚き火から石を取り出す
本来、空の桶や曲げわっぱを石焼き汁に
用いる
みそ仕立ての絶品・石焼き汁

◆コラム②
料理はセンスしだい

料理はセンス――。たしかにそのとおり。プロの料理でも、家庭料理でも、趣味的な男の料理でも、技術があるレベルに達したら、努力もさることながら、最後はセンスしだいだ。

料理センスとは何か?

一つは、固定観念にとらわれない柔軟な想像力があるかどうかということ。素材をひと目見た瞬間、それぞれの素材の組み合わせ、味つけ、さらに器に盛った姿を、自在にイメージできるかどうか、ということ。

もう一つ、調理のコツを熟知していることも、経験に裏打ちされたセンスといえる。

人数の多少による分量の見極め。調理の段取りや手順。道具の使いこなし方。つまり、より合理的にスムーズに料理できるかどうかということだ。

野外でもそれは同じこと。

たとえば、適当に持ち寄った材料と、調味料、調理道具をにらんで、即座に何種類かの料理をイメージする。そして、時間のかかる料理から仕込みを開始。

その地でとった素材などを随所に散りばめながら、焚き火の上と中と下をうまく利用し、必要最小限の道具を臨機応変に使いこなす。むろん、刃物の切れ味は鋭い。

ゴミも極力出さない。余分なパッケージははずして持ってくる。ダイコン、ニンジン、ゴボウなんかは皮をむかずに使い、そして作りすぎることがない。後片づけは素早く、後を濁さず。こうなるとエキスパートの域。

ところが、そう簡単に事が運ばないのが料理というもの。大切なのは、料理のレシピを丸覚えすることではなくて、場数を踏んでひたすらセンスを磨くことだ。

III

快炎の醍醐味 快宴の豊穣

包み焼き・埋め焼きの術

カボチャの詰め焼き

●掘りたてタケノコのかぐや姫焼き

●十二単に切れ目を入れる

大きなタケノコを見つけたときは、まさにかぐや姫を見つけた翁《おきな》のような気分になる。タケノコは、葉やアルミホイルで包まなくても、十二単《じゅうにひとえ》のように幾重もの皮で包まれているから、そのまま火にかけられ、採りたてならば、えぐみもない。

焚き火の下やおき火の中にそのまま突っ込めばいいから、いたって簡単。だが、その前に、ナイフで縦に一本皮がむける深さに切れ目を入れておく。これをしておかないと皮をむくとき、困ったことになる。

火にくべて四〇分から一時間、スコップなどで均等に火が回るように転がして焼く。

●タケノコはしょうゆと相性ピッタリ

香ばしく焼き上がったら、皮をむいて刺し身のように切って、しょうゆをかけて食べる。タケノコとしょうゆは相性がいい。シンプルそのものだが、野趣にあふれた、忘れえぬ味になるだろう。また、その頃は木の芽（サンショウの新芽）の季節。たたいた木の芽を散らしたり、サンショウみそを塗るのもうまい食べ方だ。

チシマザサのタケノコ、ネマガリタケは長野県から東北、北海道にかけて六月頃出回る。同様に切れ目を入れて火に入れる。小ぶりだから、二分もすれば焼き上がる。こちらはみそがうまい。

生えているタケノコのまわりを掘って、そのまま焼く大胆なやり方もあるそうだ。かまゆでされた石川五右衛門のようだが、かぐや姫だと思うと、まだそこまではやれない。

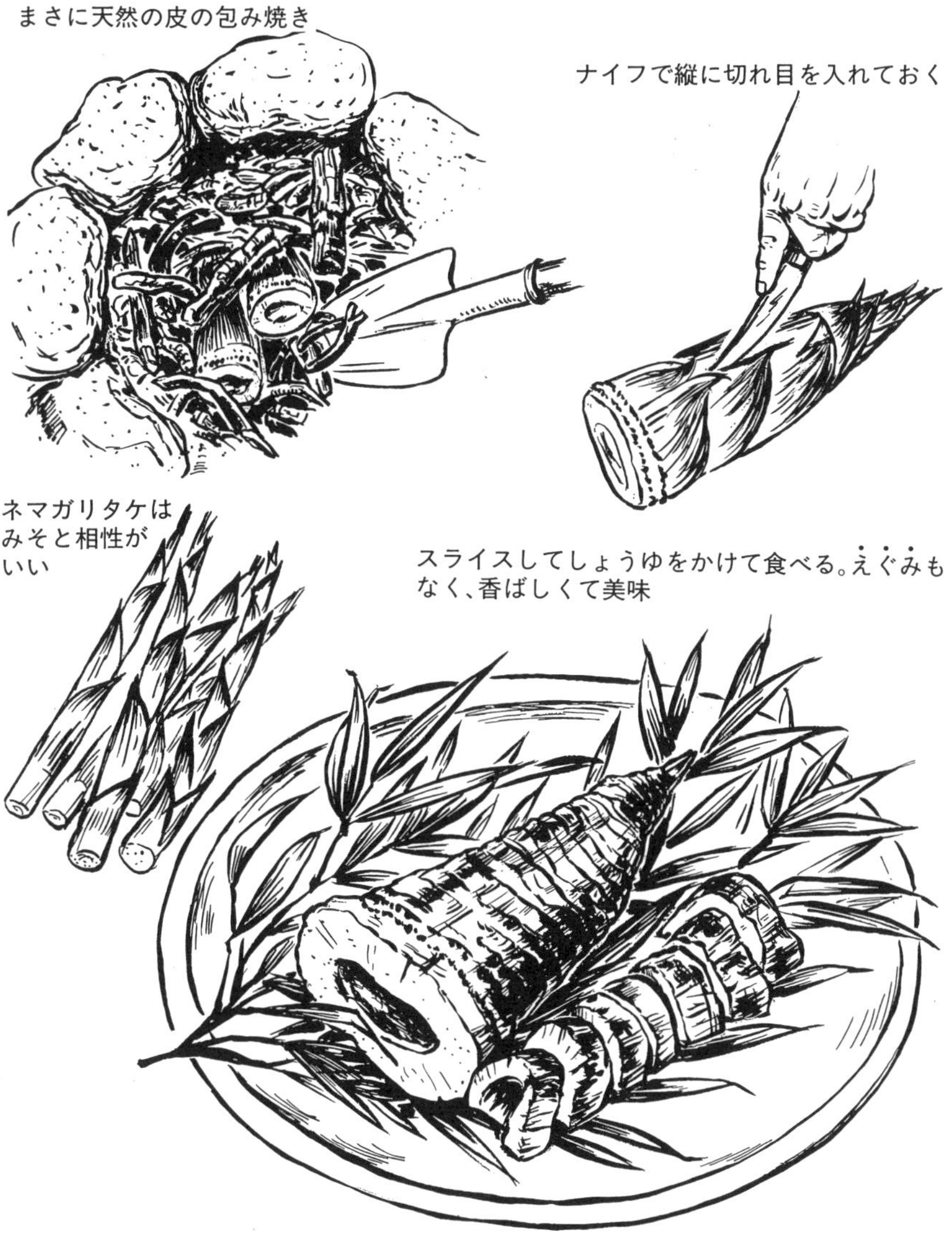
まさに天然の皮の包み焼き
ナイフで縦に切れ目を入れておく
ネマガリタケはみそと相性がいい
スライスしてしょうゆをかけて食べる。えぐみもなく、香ばしくて美味

自然を味わい尽くす　たたきの木の葉包み焼き

●たたくほどに、うまさに近づく

川魚は塩焼きが一番。これはいうまでもない事実。だが、何と比較して……？

魚田《ぎょでん》（魚の田楽）、煮つけ、バター焼き、から揚げ、燻製《くんせい》、つまり魚を一尾姿のまま料理したものに対してのはず。ここで紹介する「たたきの木の葉包み焼き」は違う。このオツな味をひとたび知ったら、塩焼き派もたちどころにこの料理のとりこになるに違いない。

ここではヤマメを使うが、ヤマメにこだわる必要はない。まず、エラと内臓を取り除き、後は、頭も中骨も皮ももちろん身も、すべてたたいてしまう。道具はナタが理想。なければ包丁か大きめのナイフ。うまくたたくには「重さ」が必要なのだ。バンバンたたいたら、みじん切りのサンショウの葉とネギをたっぷり混ぜ込み、みそで調味する。サンショウの葉は夏頃の育ったものでも味に変わりはない。とにかくサンショウの香りが決め手なのだ。

●葉でたたきをはさんでじっくり焼く

フキやイタドリの葉、クマザサなどでたたきを包む。一枚を下に敷き、一cmほどの厚さにたたきをナイフで伸ばし、さらにもう一枚の葉をかぶせる。包むよりもはさむ感じだ。後は網にのせて両面を焼く。採りたての葉なら水分があり、炎を直接当てない限り、焦げることはない。おき火（138頁）になりかけくらいの火力でじっくり焼くのが理想。

身がジュクジュクしだしたら食べどき。上の葉をはがして箸でつまむ。フキなら葉っぱごと。こうして自然の味覚をあますことなく舌で味わってみたい。

フキの葉やクマザサなどで、たたきを
はさむように包む

ヤマメ、サンショウの葉、ネギ、みそを
とにかくバンバンたたく

身がジュクジュクしたら食べ頃。
自然を満喫しよう

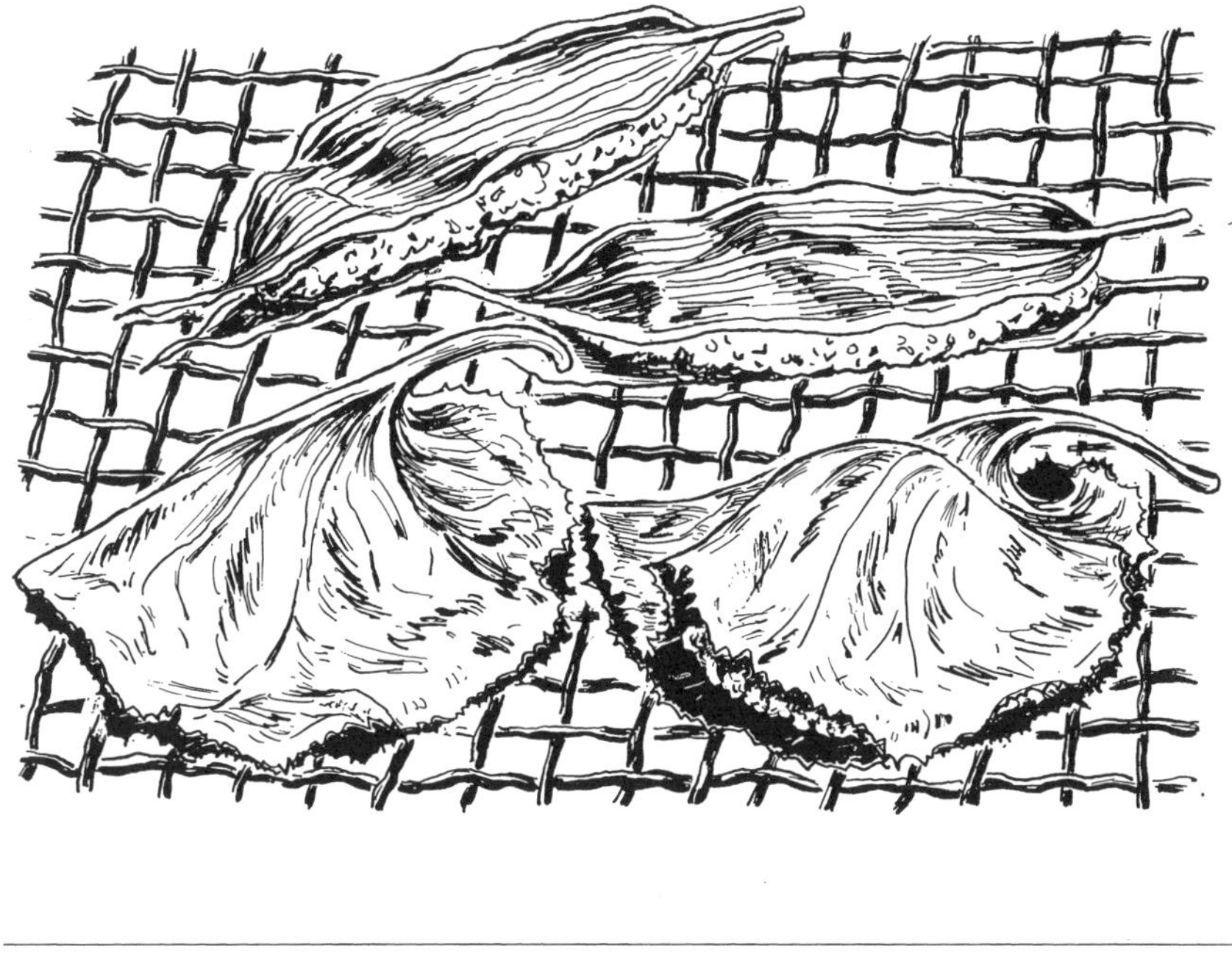

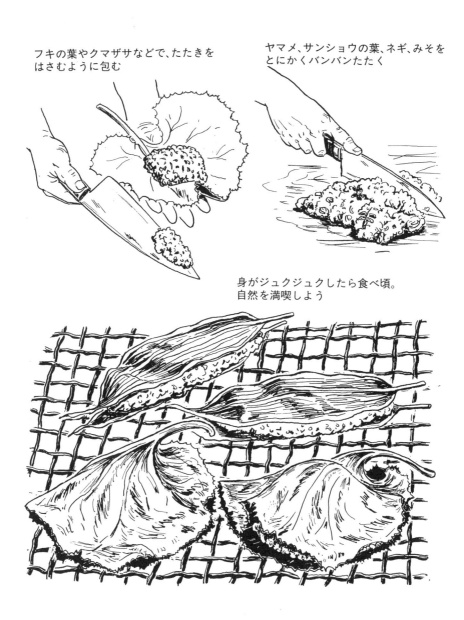

●待てば至福の牛舌の粗塩蒸し

●牛舌を丸ごと粗塩で包んで蒸し焼きに

「牛タン、塩焼き！」って頼むとペラーッと薄いのが出てきて、おお、これが牛の舌かと思っている人がいるが、そんなご仁にショックが走る牛舌《ギュウタン》の粗塩蒸し。

最初に言っておく。牛舌そのものはグロテスクでちょっと不気味だ。だが、うまい。

牛舌は肉屋さんやスーパーで皮をむいたものを冷凍で売っているが、注文するとき、皮のあるなしを確認しよう。皮がついているときは、解けてしまうと取りにくいので、半解凍のときに包丁でそぎ落としておく。ほかに粗塩を約二kg用意する。

牛舌一本（約一kgで五、六人分）を解凍し、ブラックペッパーをすり込んでおく。アルミの深鍋に約三cm粗塩を敷き詰め、牛舌を丸めて入れ、上から牛舌が見えなくなるまで粗塩でおおう。そのまま焚き火にかけるが、大きな網をおいて、鍋をのせると安定する。湯気が出たら、フタをして約一時間半蒸し焼きに。

●シチューやチャーハンに応用自在

蒸し焼きしている間に塩がうまみを熟成してくれる。一時間半後には、塩はパカパカになっている。その中から牛舌を取り出して、洗わずに手で塩をこすり取り、薄めにスライスしてレモンをかけて食べる。

時間はかかるが、待てば海路の日和《ひより》かな。やがて美味悦楽の世界へスリップできる。

これを応用して、チャーシューより厚めに切って固形スープや赤ワインを用いてタンシチュー、角切りにしてカレーライス、細かく刻んでチャーハンなどができる。

スライスしてレモン汁をかけて食べる

牛舌はとにかく大きい。
丸めて深鍋に入れる

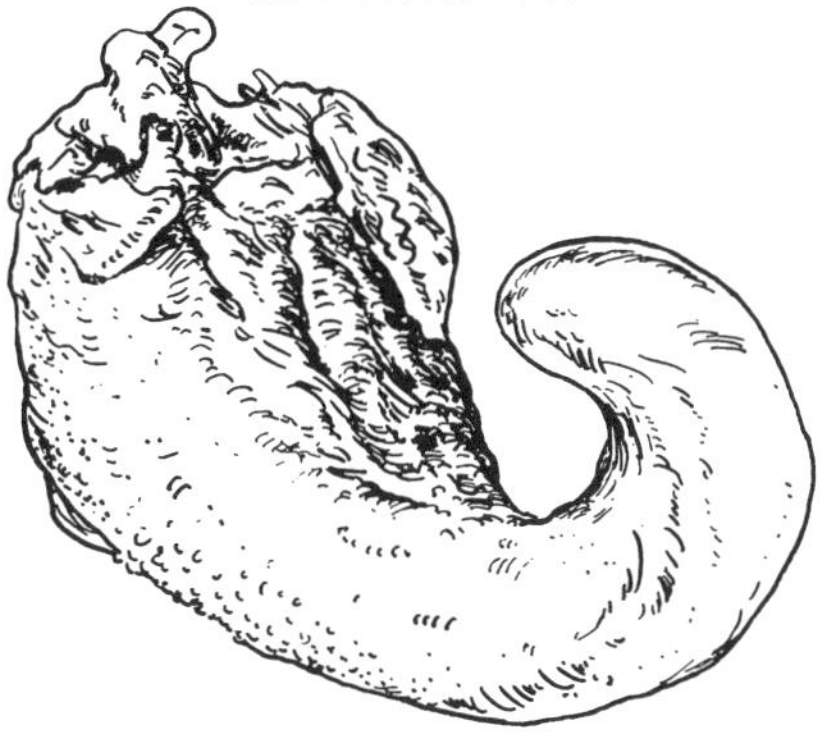

粗塩でしっかりおおう。これでうまみが醸成される。
残った塩はほかの料理に利用しよう

コンブが絶妙　マナガツオの西京風埋め焼き

●尾頭つきの魚をコンブでくるむ

ハレの日のタイにならって、野外でのハレの日も尾頭つきといきたい。

魚はここではマナガツオを使うが、クロダイ、スズキ、イシダイなどのやや大ぶりでドッシリと存在感のあるものがよろしい。もちろん丸のままである。

マナガツオのエラと内臓を取って水洗いし、両面に三cm間隔で斜めにクロスさせるように切れ目を入れ、薄塩して二〇分おく。

西京みそを手で両面に塗る。これで切り口からジワジワとみその味が浸透する。

大きめの乾燥コンブを水に漬けてしんなりさせ、魚を二〜三重に巻く。後は包み焼き（70頁）と同じ要領で、じっくり焼く。

穴を掘り、小石を敷き詰めて焚き火をし、岩が焼けたら焚き火を取り除いて魚を並べ、さらにその上に小石をおいて焚き火をする。後は一杯やりながら、火を見つめている間にでき上がる。取り出して、コンブを開いていっせいにつついて食べる。

●ほんのりがある幸せ

太平洋の島々ではいまもタロイモやバナナの葉で包んで料理するそうだが、この場合のコンブは葉の役割を見事に果たす。海辺ならば打ち上げられているコンブかワカメを使う。だが、予備のコンブを持参するほうが無難だろう。

コンブの移り香がほんのりとして、絶妙の味になる。ほんのりがあるとなしでは大違い。みその代わりに塩コショウして香草をのせても、風味豊かな香草焼きを味わえる。

●包み焼き・埋め焼きの術

焼けた小石の上に魚を並べ、さらにその上に小石をのせて焚き火をする

コンブで魚を2～3重に巻く

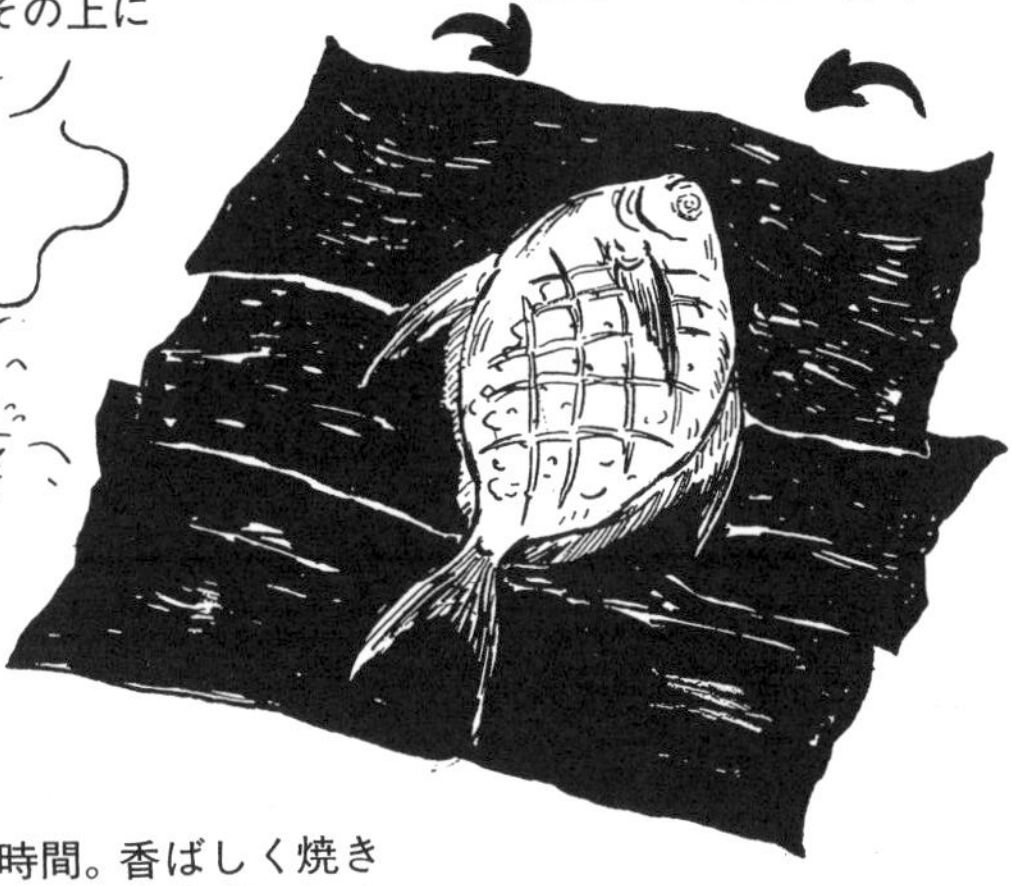

1杯やりながら待つこと1時間。香ばしく焼き上がる。コンブを開くとホラ、このとおり

●漁港直送鮮魚の天然塩釜焼き

●キンメダイを塩で全身パックする

漁港近くに行くと、心がはずむ。よし、うまい魚をたらふく食べるぞ。こんなときこそアウトドアの出番だ。ダイナミックな魚料理に挑戦してみよう。

そうと決まれば、なるべく大きな魚を調達する。キンメダイなら、色、味、スケールともに合格。

キンメダイはウロコをこそげ取り、エラと内臓を取る。洗って身ぎれいにして、出番を待ってもらう。

包める大きさを見越してアルミホイルを二重にして広げる。そこに粗塩を敷き、キンメダイをのせて、その上に塩をザーッとかけて、多少の水を加えて固め、全体が見えなくなるように、広げたアルミホイルで包む。

スコップでおき火をかき分けて魚をおき、さらにおき火をかぶせる。

この場合はかなりのおき火が必要になる。待つこと三〇～四五分。アルミホイルを開いて、塩をはずすと、まるで数千年の眠りからさめた秘宝のように、キンメダイが姿を現すという劇的シーンを体験できる。

●塩の効果で美味なものはよりおいしく

最近、塩が脚光を浴びて、洗顔や入浴などに用いられるが、塩の効き目はたしかにあり、洗剤で取りにくい茶しぶや曇ったガラスなども見事にきれいになってしまう。塩は野外料理でもオールマイティーに活躍する。

もともと美味なキンメダイは塩パックでうまみがさらに醸成されたが、さて、人間の場合は……?

スコップでおき火をかける

底に２㎝ほど塩を敷いてキンメダイをのせ、
上も濡らした塩で固める

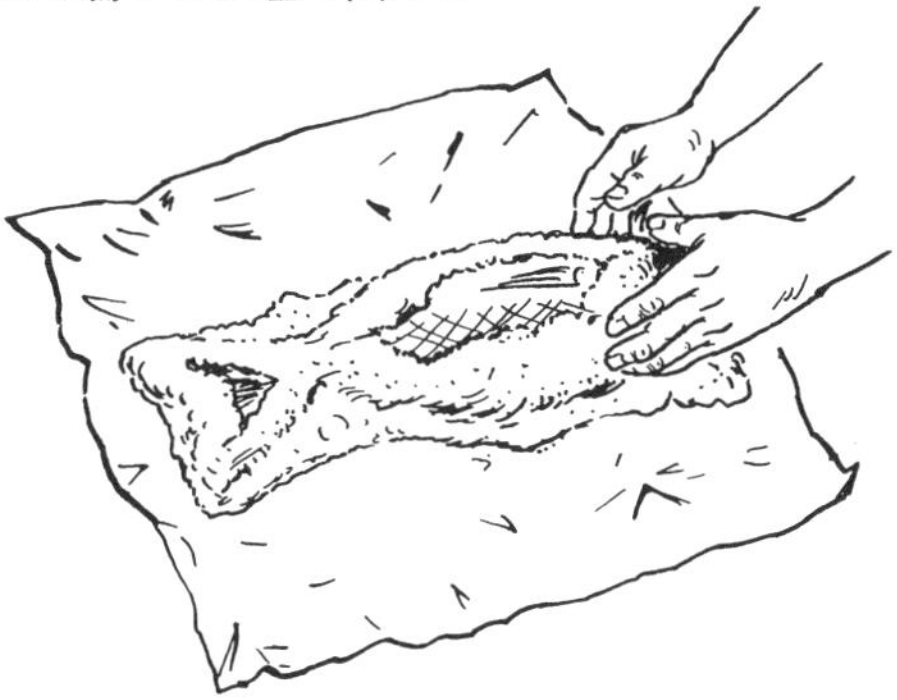

塩をはずすと、キンメダイが劇的にお目見え

丸めて伸ばすチャパティーの焚き火焼き

●ヒマラヤの朝の定番、チャパティー

ヒマラヤ遠征中の朝食はチャパティーが定番。シェルパコックの手さばきには、いつもほれぼれ見とれてしまう。

チャパティーは、インドのナンやメキシコのトルティーリャ、フランスのクレープなどと同じ感覚の料理。バターやジャム、炒めた肉や野菜、カレー、サラダ、缶詰類などをのせたりはさんだりしながら食べる。野外では超便利な小麦粉料理の傑作。

フライパンや鉄板で直径一五㎝ぐらいに焼くのがふつうだが、五〇㎝ほどに大きく伸ばしたものを、おき火にくべる方法もある。

チャパティーと同じ工程で作った生地を油で揚げたのがプーリー。香ばしくて食べやすく、主食にもおやつにもなる。

●ちぎったり、かぶりついたり、豪快に

強力粉四〇〇gをぬるま湯一カップで少しずつ溶き、サラダ油少々、塩少々を加えてよくこね、ラップでフタをして約三〇分ねかしておく。

台に小麦粉をまぶして、げんこつ大くらいにちぎって丸め、すりこぎ棒や木の枝、竹などで円形に薄く伸ばす。

円形の表面に小麦粉でうち粉をして余分な粉を払い、鉄板に薄く油をひいて、軽い焦げ目がつくように両面から火を通す。

おき火で直接焼く場合は、おき火をかき分けておいて、チャパティーをくべ、さらにおき火をかぶせる。焦げるか半生か、一分半から二分が勝負。焼けていれば表面の灰はさらりと落ちる。

サラダ油をひいた鉄板に
のせて焼く

木の枝などで円形に伸ばすのもまた楽しい

バターやジャムをつけたり、具をはさんだり、
主食にもデザートにも大活躍

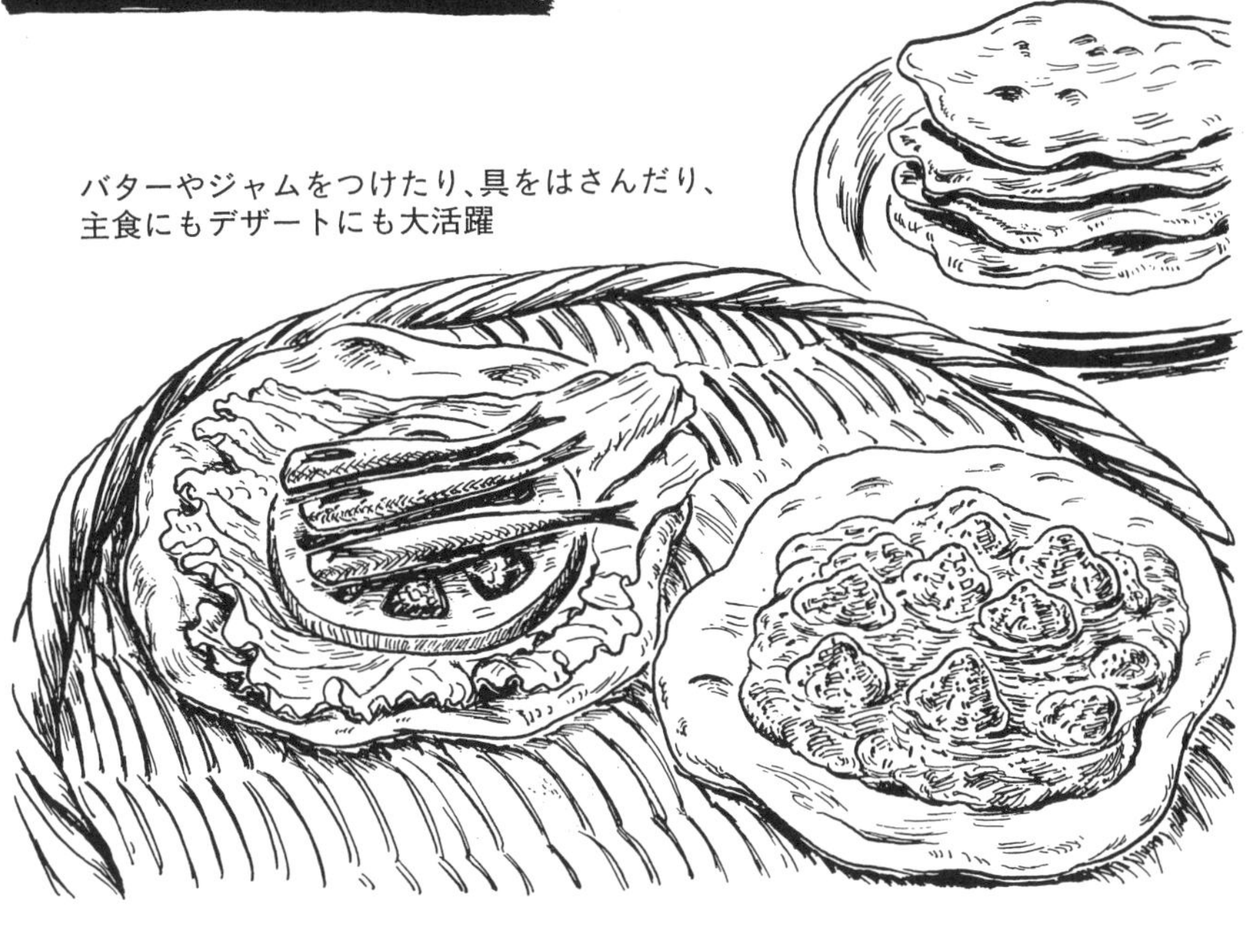

●落ち葉焚き ノスタルジアの焼きイモ

●そんじょそこらの焼きイモじゃないぞ

落ち葉焚き、といえば焼きイモの光景が浮かぶ。おき火の下から掘り出したホクホク、アツアツのサツマイモやジャガイモ。落ち葉の季節の素朴な味だが、ここは一つ、いろいろなイモを焚き火に埋めて意外なうまさを満喫してみようではないか。

ヤマイモ、サトイモ、エビイモなどのほか、ユリネやニンニクなどもよさそうだ。質感が限りなくイモに近い。それを、すぐに見つかりそうなフキなどの葉や、アルミホイルに全部皮つきでくるみ、おき火にくべる。その際、炭ばさみか木の枝で軽く掘りおこして埋め込めばなおさらうまくいく。

●イモ三昧もいいもんだ

ヤマイモは三〇分もすれば焼き上がるはず。包みを開くと、皮がズリズリとおもしろいようにむけるから、ほどよい大きさにざく切りにする。これにはワサビしょうゆが合う。サクッとした歯ざわりは焼いても同じ。ワサビがぴりっときいて、さっぱりした味が楽しめる。もし手に入ったらジネンジョをこのやり方で味わってみるのも一興。栽培ヤマイモとは非なる濃密な味わいに舌を巻くはず。

サトイモとエビイモは同系のイモ。サトイモはねっとり感、エビイモはほっくり感が特徴。いずれもキヌカツギの要領で塩をつけて食べる。ユリネも塩とレモンであっさりと。

焼きたてのニンニクのホクホク加減は絶品。これにはみそが合う。ただし、後のことを考慮し、全員そろって食べることをおすすめする。

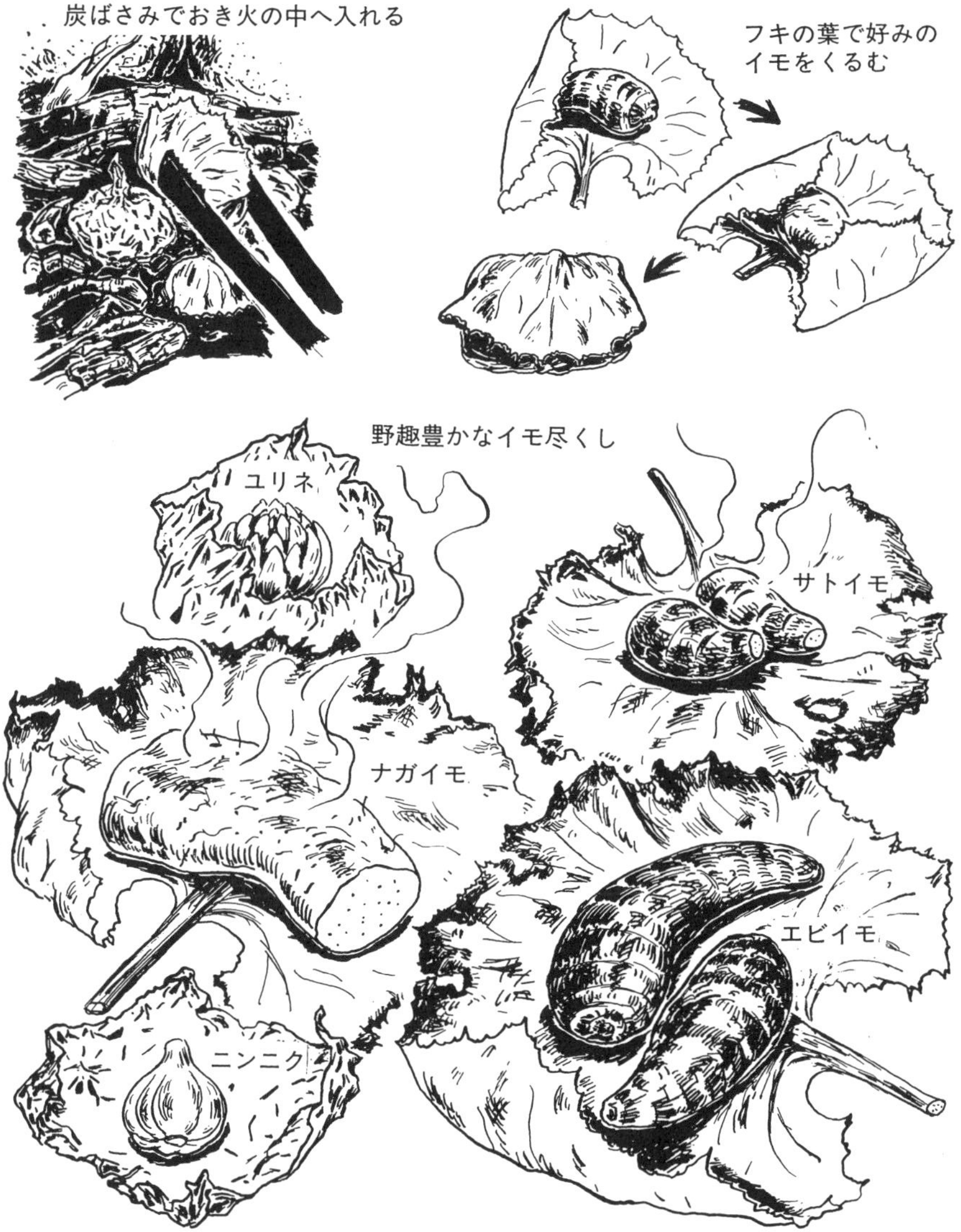
炭ばさみでおき火の中へ入れる
フキの葉で好みの
イモをくるむ
野趣豊かなイモ尽くし
ユリネ
サトイモ
ナガイモ
エビイモ
ニンニク

ほっくりが魅力カボチャの詰め焼き

●甘党をうならせ、ホクホク気分に

男性に意外と多い甘党諸氏をうならせ、かつ女性にも人気が高いダイナミックなデザート、カボチャのオグラ詰め焼き。

下準備は、カボチャの皮の表面がまだらになるようにナイフでそぎ取り、軽く塩をすり込む。こうすることで薄い塩分がカボチャとアズキの甘みをさらにひきたてる。

次に、ヘタの部分にナイフを数か所突きさしてヘタをはずし、スプーンで中の種をかき出す。缶詰のアズキを流し込み、アルミホイルをまるめてフタをして、さらにカボチャ全体をアルミホイルで二重に包み込む。

カボチャが埋まる深さに穴を掘って小石を敷き詰め、その上で焚き火をする。小石が熱くなったら炭ばさみで取り出し、穴にカボチャを入れて別な小石をかぶせ、その上で再び焚き火をして蒸し焼きにする。敷き詰めた小石の熱と、上からの焚き火の熱の中に閉じ込められて、オーブンの状態になる。

取り出したら大皿にとり、大きめに切り分けてアズキをからめていただく。

●リンゴのホットデザートでホッ

もう一つのホットデザートは焼きリンゴ。これはカボチャのような大仕掛けは無用。おき火にくべるだけでできる上がる。

リンゴの芯《しん》をナイフでくり抜き、底のほうから、砂糖、バター、シナモンパウダーと二回くらい重ねて詰める。アルミホイルで穴にフタをし、さらにアルミホイルで二重に包んで焼く。紅玉《こうぎょく》などの酸味の強いリンゴで作ることをおすすめする。

皮の表面をナイフでそぎ取り、
塩をすり込む

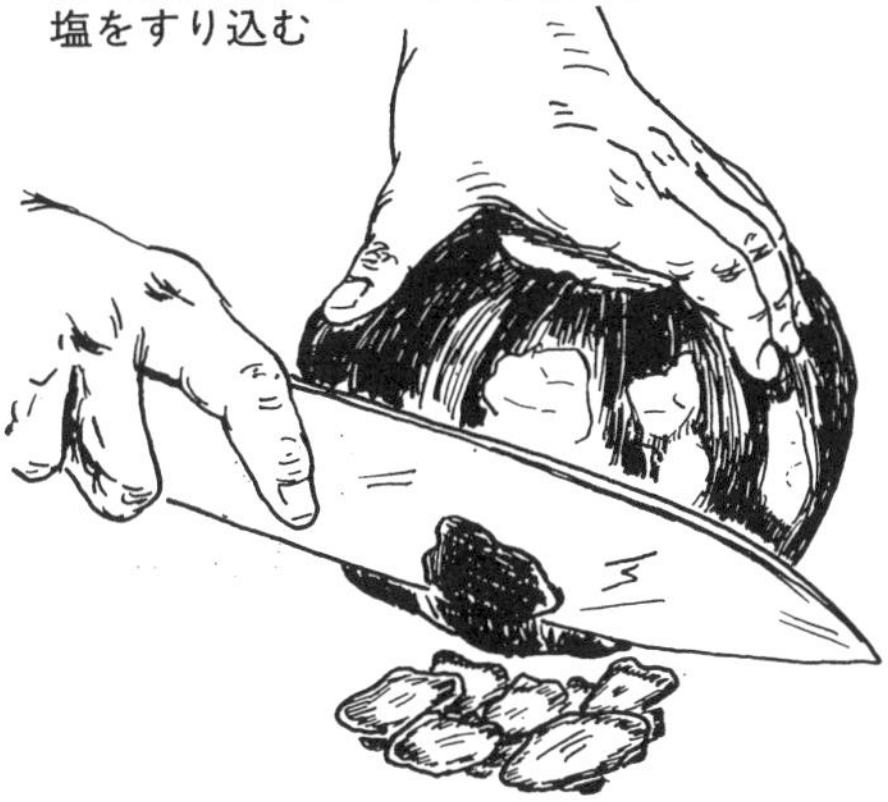

ヘタをはずして種をかき出し、アズキを詰める

天然のオーブンでホクホクに。焼きリンゴも
火にくべるだけででき上がる

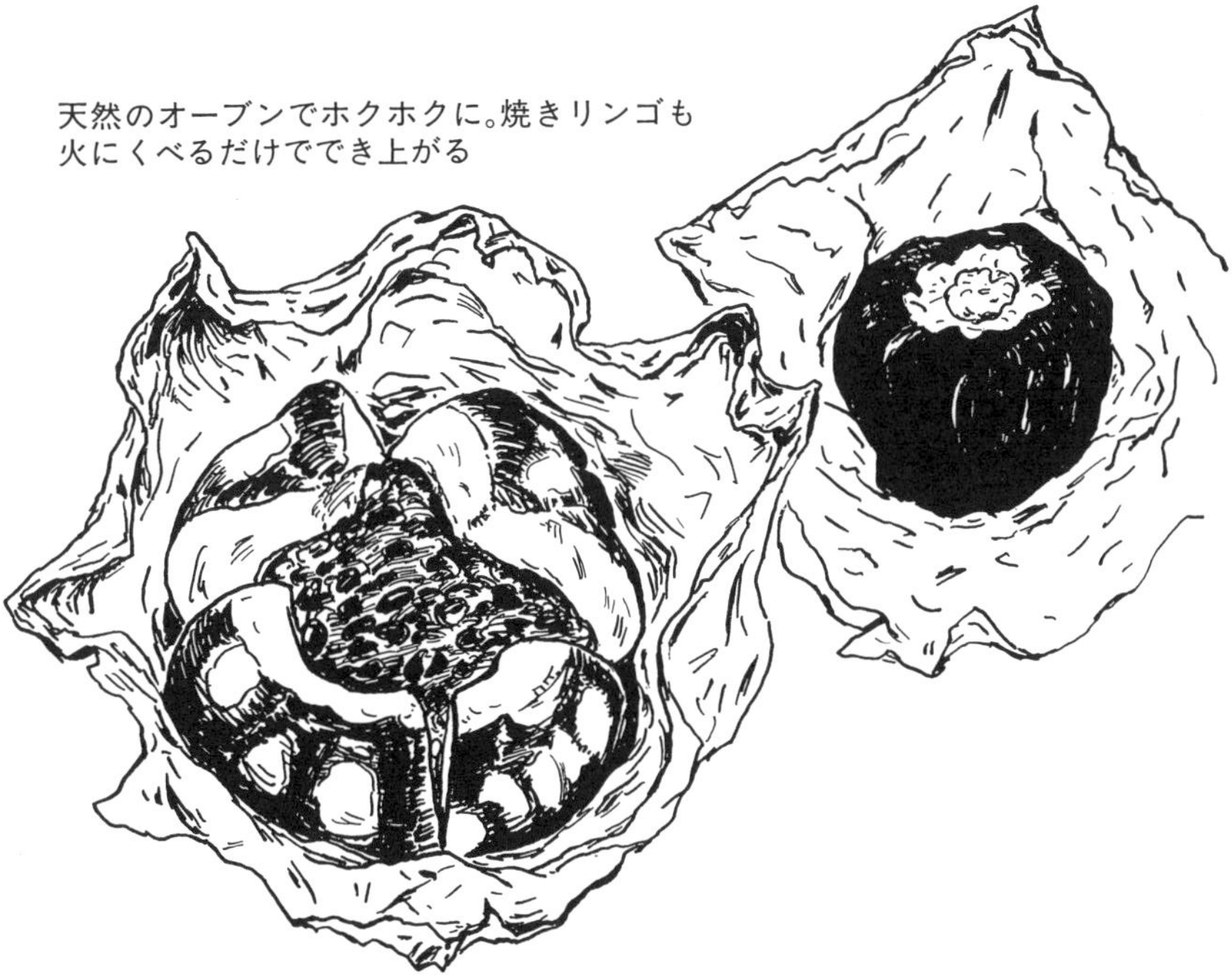

●独仏の味な競演ホットドッグ二種

●どこにでもありそうで、ない味

ドイツを旅しておいしいと思ったのは、やはりソーセージとビール。とくに絶品だったのが、車の屋台のホットドッグだ。パンからソーセージが両端三cmはゆうにはみ出し、炒めたタマネギがたっぷり入っていた。どこにもありそうで、それでいてどこか違う……。

その味が忘れられず、何度か試作を重ねたが、ポイントはタマネギにあるようなのだ。

粗くみじん切りしたタマネギをバターで炒めて、やや濃いめに塩コショウし、縦に切れ目を入れてバターを塗ったホットドッグ用のパンに敷き詰める。お気に入りのウインナソーセージをはさみ、アルミホイルで二重に巻いて、おき火に約一〇分間くべる。

温めるだけなので、この場合のおき火は火力をさほど必要としない。取り出して粒入りマスタードを塗ってビール片手に頬張ると、ドイツの味が蘇る、というしだい。

●フランスパンはドロン流に決める

こちらはフランス風。映画のワンシーンで、アラン・ドロンがフランスパンをかじりながら、ワインを瓶ごと飲み干す姿にしびれて以来、あのやり方に憧れつづけているのだが、ここでは少し軟弱にホットドッグ。

ソーセージはフランクフルト、タマネギの代わりにザワークラウト。どちらもドイツの素材だが、フランスパンで作るのでフランス風というわけ。ザワークラウトはデパートなどで瓶詰めで売っているからそれを使う。後はドイツ風とやり方は同じ。

これにはやっぱり赤ワインが似合う。

アラン・ドロン風ホットドッグ
フランスパン１本
瓶詰めのザワークラウト
ドイツ風のホットドッグ
バターで炒めたタマネギ
お気に入りのウインナソーセージ
フランクフルト
おき火の中に10分間ほどくべる

◆コラム③

多様な「粉」食を楽しむ

粉を使った野外料理といったら、すぐに思い浮かぶのがお好み焼き、山菜天ぷら、スイトン。——日本ではそんなところか……。

粉は便利な保存食である。水さえあれば、そして水加減ひとつでいろいろな料理が楽しめる。野外にもっと取り入れたい食材だ。

「粉文化」と呼ぶにふさわしい豊さを誇っているのがヒマラヤ。「粉」の種類も豊富にある。小麦粉、大麦粉、そば粉、豆の粉、薄切りジャガイモを乾かしてひいた粉、など。

そうした粉をさまざまな料理に使い分ける。

山岳地帯に住むシェルパ族の主食は、煎《い》ったオオムギを臼でひいてバター茶（シェルパティー）でどろどろにこねて食べるツァンパ。これはチベットの主食でもある。

シェルパのコックを頼んでキャラバンすると、粉料理がふんだんに味わえて楽しい。

小麦粉を使った料理が多く、代表格がチャパティー。フライパンで焼く。これは毎朝のようにテントの食卓に供される。同じものを油で揚げたのがプーリー。お菓子感覚で食べられる。サモサは有名な揚げ物で、粉の皮の中にカレーを詰め込んで揚げる。

夕食にたびたび登場するモモ（チベット風蒸し餃子）とスプリングロール（春巻）はじつにうまい。だが、ついてくるソースがトマト味。すまない、と思いつつ、こっそり酢としょうゆをかけてしまう。

シャクパは、野菜たっぷりのスイトン入りおじや、といった感じ。冷え込む夜に最適だ。

豆やジャガイモの粉で作るお好み焼きのような料理もある。

インドと中国にはさまれた小国らしく、互いの影響を受けながらも、独自の文化を創り上げている。

IV

なんでも焼く かまわず焼く

鉄板焼き・網焼きの術

貝サンガ

カブトを脱ぐうまさ 豚とマグロのスペアリブ

●正統派には豚肉のスペアリブ

骨ごとかぶりつくスペアリブは、食べ方、焼き方ともに豪快で、男女同権の世にあっても、これだけは男の手で焼きたいという思い、こだわりを抱かせる。そんな熱い思いを内に秘めて、二品紹介する。

正統派豚肉スペアリブ。

ニンニクとタマネギをすりおろし、しょうゆ一、みりん一、酒〇・五の割合で合わせたタレに入れ、スペアリブを漬け込んで約三〇分おく。

焚き火の上に網をのせ、スペアリブをのせてひっくり返しながら両面を焼く。ときどき漬け汁を塗ってやる。

このほか、スペアリブは黒ビールと赤だしみそで煮込むのもうまい。

●マグロのカブト焼きスペアリブ

次はマグロのスペアリブ。早い話がカブト焼きだ。マグロのカブトは三崎や沼津、焼津、気仙沼などに行くと、市場でいくらでも安価で入手できる。カブトとともにカマの部分もいっしょに焼こう。カマはすぐに焼ける。

カブトは頭皮がかたいので、ある程度出刃包丁でそぎ取ってから縦半分に割る。この作業は大格闘になるから、出刃がなければ、魚屋さんにお願いするほうがいいかもしれない。

両面に塩をふって、網にのせ、じっくりと焼く。上をアルミホイルでおおって焼くと、蒸し焼き状態になって、早く火が通る。

焼き上がりにしょうゆを少々ふりかけてレモンを絞り、たっぷりの大根おろしをからめて食べる。正直、カブトを脱ぐうまさである。

熱い心の正統派豚肉スペアリブ

マグロのスペアリブはカブトを脱ぐうまさ

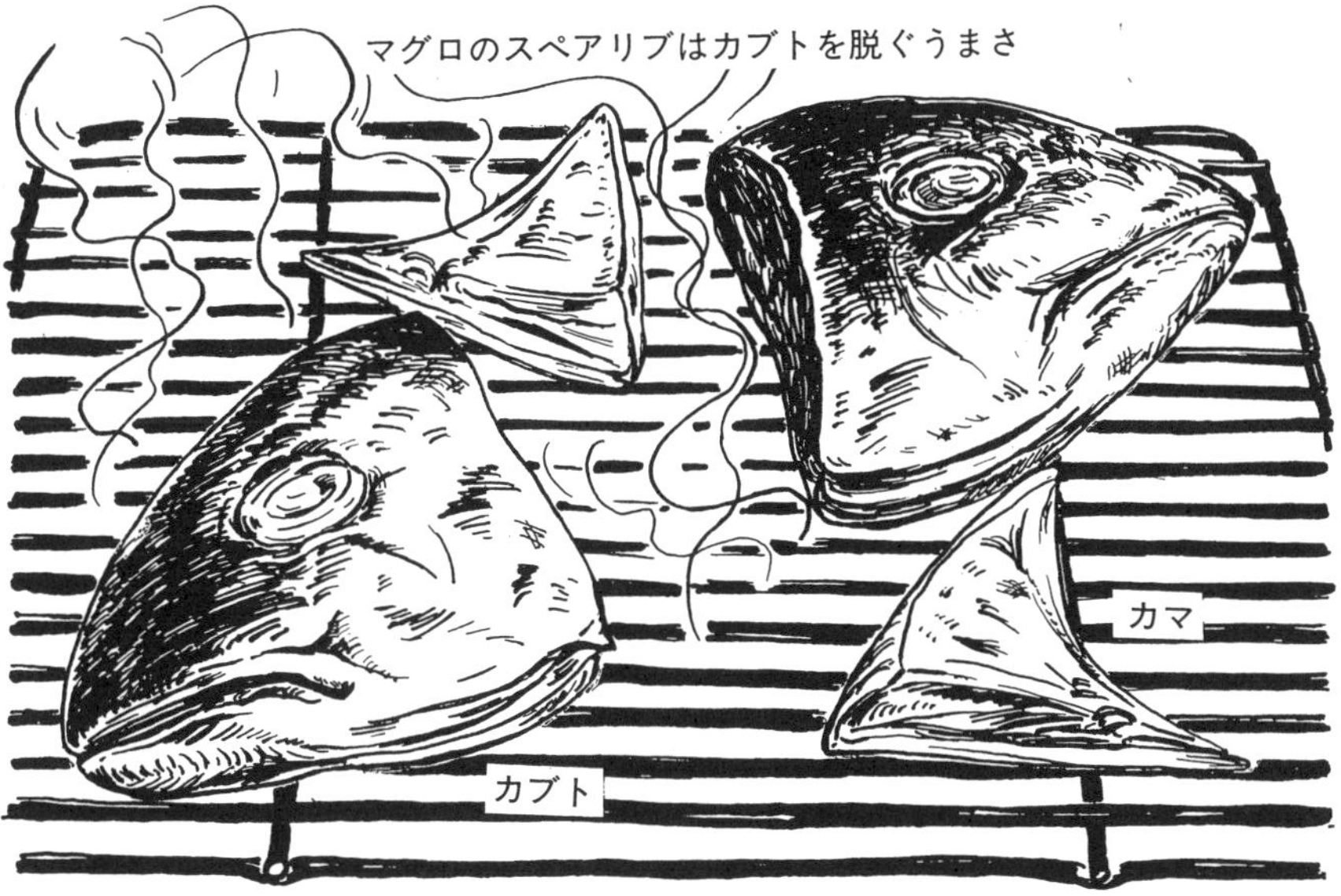

●雪の中でもヘイキ！ スコップの豪快焼き肉

●野外では臨機応変、柔軟な発想が必要

一つの道具をそれだけの機能として眺めていては進歩がない。野外では固定観念を取り払って臨機応変に使いこなすことで、道具は八面六臂《はちめんろっぴ》の活躍をする。

たとえば、アルミの軽量スコップ。

スノーキャンプで雪洞を掘ったり、テントを設営するときにとても便利で、クロスカントリーや山スキーなどで一泊するときの必需品である。

軽量スコップは軽くて扱いやすく、鉄製のスコップと違って、雪がくっつかない。

だが、道具としても立派な働きのスコップに、さらにフライパンの働きを与えてしまおうというのだ。雪用だから、フライパン代わりにしても清潔な感じがする。長い柄はネジで取りはずしできるから心配無用。

スノーキャンプの焚き火は薪《たきぎ》が濡れていることが多いので敬遠しがちだが、スコップや足で雪を固めて太めの倒木を二、三本並べ、それを土台にして、その上で火を焚き、薪になる枯れ木を乾かしながら火を維持する。

●スノーキャンプでの焼き肉のうまさ

スコップを四角いフライパン、鉄板に見立てて、焼き肉をしよう。

焚き火の上にスコップをのせ、サラダ油を熱して、牛のロース、カルビ、ミノなどをジュージュー焼く。野菜もネギ、ピーマン、ナス、タマネギ、キャベツ、キノコ類など。

簡単に市販のタレで食べる。

飯ごうのフタだって、ミニフライパンになる。要はくふうしだいである。

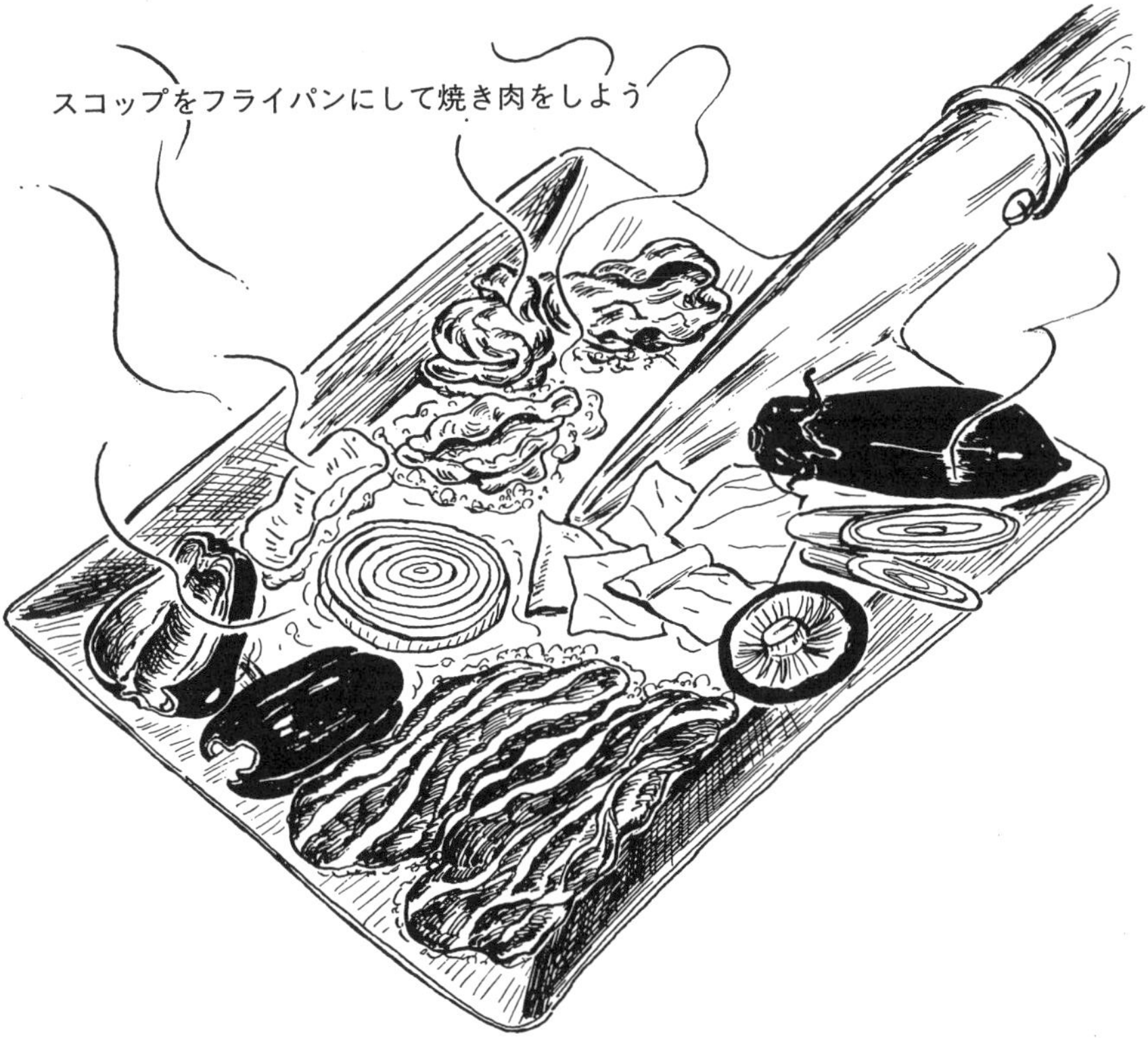

スコップをフライパンにして焼き肉をしよう

飯ごうのフタも
ミニフライパンに

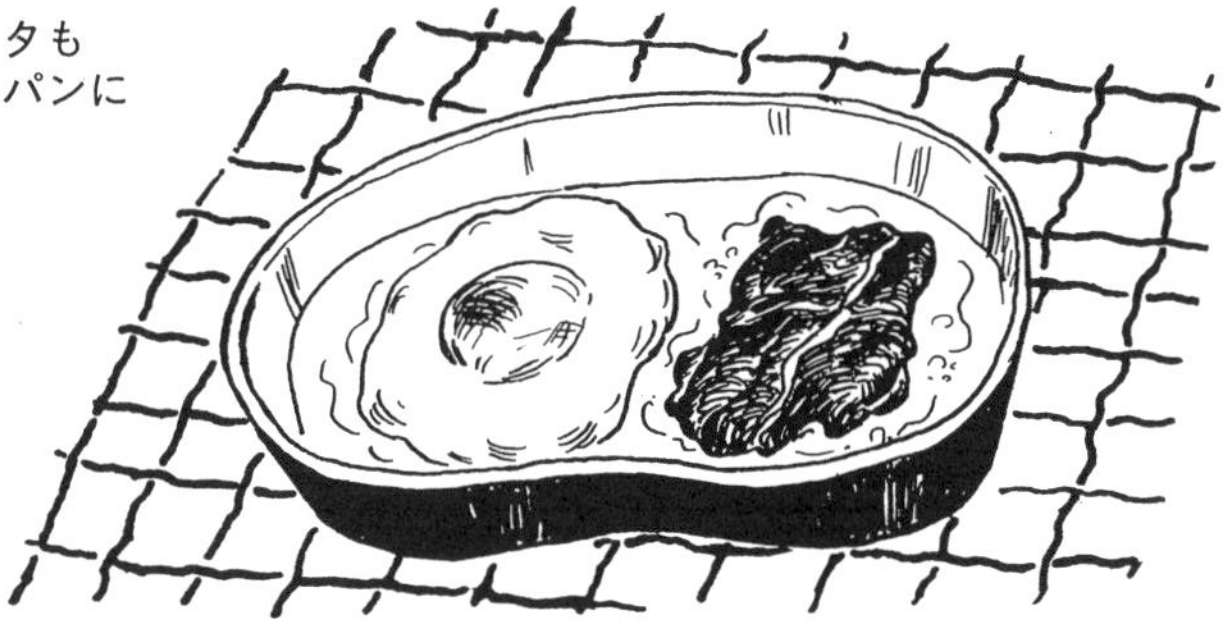

フライもくふうしだい　漬け込みのみそカツ

●材料をみそに漬けておくのがミソ

野外といえども、よほど凝った料理でなければたいていのものはできるが、揚げ物だけは敬遠しがちだ。油の始末は面倒だし、引火したら大変な事態になりかねない。

山のテント場でトンカツを揚げているのを見て驚いたことがあったが、みそ漬けのロース肉だったのには感心してしまった。トンカツが食べたいという執念なのだろう。

生鮮食品、とくに肉類をそのまま持っていくのは注意が必要だが、みそ漬けにしておけば保存効果があり、日もちもする。豚のロースでも、ヒレでも、牛でも、鶏でもなんでもよろしい。みそに漬けて運び、そいつを少なめの油で返しながら揚げてみる。

保存法はこのほかにも塩漬けやしょうゆ漬け、加熱するなどいくつかあるが、みそ漬けはなかでもポピュラーな方法だ。肉の場合、ひき肉やコマ切れ、薄切りよりも塊のままのほうが、また脂肪部分より赤身のほうが日もちする、ということを覚えておくと便利だ。

●揚げるというより油で焼く要領で

いざ料理というときには、みそをぬぐい取って、フライと同じ要領で、粉、溶き卵、パン粉の順に衣をつけていく。

フライパンに一㎝ぐらい油を注ぎ、その中にトンカツを入れる。揚げるというより、両面を返しながら油で焼く感じだ。この程度の量ならば、注意していれば安全である。

おかずで食べてもいいし、酒の肴にしても美味。ご飯にのせれば正真正銘の「みそカツ丼」だ。

フライパンに１㎝油をひいて焼く

みそに漬けたロース肉

正真正銘のみそカツ

●秘密の贈り物木の芽のお好み焼き

●野外のお好み焼きは野趣に富んでいる

店が閉じると、天ぷらの衣が少し残るので、週に一、二度はその衣でお好み焼きを作って食べる。具も残りものだから決まっていないが、いつの頃からか、サンショウの木の芽が入らないと気がすまなくなった。

初夏には「地芽」と呼ばれる露地ものが安く出回るので、その頃は、粗くたたいた木の芽だけをたっぷり入れたお好み焼きになる。

しょうゆをハケで塗る頃には、しょうゆの焦げるいい香りが店中に漂い始める。一度食べてみるとわかるのだが、生の木の芽の強い刺激香が熱でほどよく薄らいで、えもいわれぬ味わいを醸《かも》し出し、舌を楽しませてくれる。

店の近所に秘密のサンショウの木が数本あり、足りなくなると摘みにいく。とはいえ、よその家の垣根。仕事着では目立つので、妻に行ってもらう。

●自然の友を単品で混ぜ込み、超簡単

近郊の山にも秘密のサンショウの木があり、出かけるたびに摘み帰る。サンショウに限らず、そんな場所をいくつか知っておくと、野外に出かける楽しみが広がるはずだ。

木の芽は粗くたたいておく。小麦粉二〇〇g、水二〇〇ml、卵一個の割合で溶いたものに、木の芽をたっぷり混ぜ込む。鉄板を熱し、油を薄くひいて、薄めに流し込み、片面が焼けたら思いきりよくひっくり返し、しょうゆを塗ってさらに両面を軽く焦がす。この場合、ソースより、しょうゆが合う。

フキノトウ、セリ、山ウド、などのひとクセある山菜で試してみてもおもしろい。

包丁で粗めにたたく
小麦粉を水と卵で溶き、
たたいたサンショウの
葉をたっぷり混ぜ込む
小麦粉
とろ火でじっくり焼き、しょうゆで両面を軽く
焦がす

●軽くて幸せ粉末ポテトのパンケーキ

●黒沼ユリ子さんのレシピをヒントに

親しくさせていただいているバイオリニスト、黒沼ユリ子さんのレシピにヒントを得たとっておきのポテト料理を紹介しよう。

過日催された「チェコの夕べ」は、耳と目と舌で文化を理解しようという試み。耳は音楽、目は絵画、そして舌が料理。そのとき料理のアシスタントをして覚えた料理がこれ。

ポテトの薄いパンケーキで、チェコではブランボラークというそうだ。しっとりとしてクレープのようだ。

本来、生のジャガイモをミキサーにかけてドロッとさせて作るのだが、これを野外で、と考えると無理がある。そのとき思いついたのが粉末マッシュポテト。スーパーなどで簡単に入手でき、比較的味もしっかりしている。

「そんなのじゃだめよ」とユリ子さんからお叱りを受けそうだが……。

●マッシュポテトの粉末を利用

主材料は、粉末マッシュポテト二〇〇g、卵一個、ニンニク二片。

粉末マッシュポテトに卵を割り入れ、少しずつ水を注いでかき混ぜ、ドロッとさせる。そこにすりおろしたニンニク、塩コショウを加えて調味。ニンニクと塩はやや多めに、コショウは少なめに。

フライパンか、鉄板を焚き火で熱してサラダ油を薄くひき、おたまですくって薄く伸ばして両面を焼く。何枚も焼いて主食代わりにしてもいいし、ビールのつまみにもいい。ほのかなニンニクの香りが食欲をかきたて、相当に自己規制しても、三枚は平らげてしまう。

粉末マッシュポテトを
水で溶く

ニンニクをすりおろす

ニンニクの芳香が食欲をそそる

異端の傑作 オリジナルチャーハン二種

●イタリア風ペペロンチーノ・チャーハン

おいしいチャーハンを作るのは簡単そうで案外むずかしい。そこで、正統を尊びながらも異端に傾き、美味珍味二品を披露しよう。

イタリアのペペロンチーノというスパゲティから発想したオリジナルチャーハン。

材料はニンニク、タカノツメ、オリーブオイル、バター。ニンニクはみじんに切るか、ビニール袋に入れてから大きな石にのせ、その上から小石でたたいてつぶしておく。タカノツメも細かく刻む。

フライパンを熱し、オリーブオイルをひいて、少量のバターを入れる。そこにつぶしたニンニクとタカノツメを入れて炒める。いい香りがしてきたら、ご飯を入れて、コンソメ顆粒と塩コショウで調味する。

ピリ辛でニンニクの香りが香ばしい。

●自画自賛、中華ちまき風赤飯チャーハン

これは自他ともに認める傑作。市販の赤飯を炒めて好物の中華ちまき風にしてみた。

メインはでき合いの赤飯、それにチャーシューをブロックで買ってきて、細かいサイコロ状に切る。干しシイタケ、干しエビはぬるま湯で戻し、干しシイタケは小さめに切り、ネギも小口に切っておく。

フライパンにごま油を熱して、材料のネギ、干しシイタケ、干しエビ、チャーシューをサッと炒める。

次に、赤飯を放り込み、ねっとりかたいもち米を具と混ぜ合わせながらよく炒める。しょうゆで味つけし、仕上げにゴマをふりかけるとでき上がり。

スパゲティから発想したオリジナル
チャーハン「ペペロンチーノ」。
ピリ辛ニンニク味

自他ともに認める傑作
「中華ちまき風チャーハン」。
できあいの赤飯がチャーハンに早変わり!!

●シンプルに決める 正調ソース焼きソバ

●なぜか心躍る縁日の味

焼きソバはいまや日本の国民食の一つ。お祭りや縁日の屋台にも、ソース焼きソバはつきものだ。匂いたつソースの香りについ足が止まる。野外の鉄板焼きも例外ではない。

おもしろいもので、焼きソバとなると、みんな積極的に作りたがる。要するに、誰が作ろうといちおうそれらしくできてしまうノンポリな料理なのだ。

そして、ワイワイガヤガヤ、楽しく盛り上がる。そんなときには「食べる人」になって待つ楽しみを満喫することだ。

正調焼きソバにこだわるならば、具は薄切り豚バラ肉、キャベツ、モヤシだけでシンプルに決める。コツは塩コショウで味をつけておいて、ソースを入れすぎないこと。あくまでも薄味に仕上げる。

●ねじり鉢巻きの瞬間芸

最初に鉄板で豚肉とキャベツを炒めて、キャベツがしんなりした頃にモヤシを入れ、サッとかき混ぜ、塩コショウ、すかさずソバをぶち込んで炒める。

次に、酒を少量ふりかけ、ほんのりと湿らせながら香りづけしてウスターソースで調味し、最後に隠し味のしょうゆをタラリ。ここまで一気に瞬間芸もかくやと思われる早技で勝負する。

モヤシがやわらかくなりすぎないうちに、鉄板からそのまま口に放り込もう。

味に変化をつけるなら、オイスターソースを少々。ピリ辛が欲しければ、豆板醬《トウバンジャン》。何はともあれ個人の好みで焼けるのが楽しい。

これぞ正調焼きソバ。具はシンプルに

瞬間芸を披露するがごとく早技で作ろう

なぜかうまいイカスミ・スパゲティ

●あなた好みのスパゲティになりたい

野外でイカスミ・スパゲティ……？　できるんです。それが。なんと塩辛の黒造りをぶち込んでしまうというとっぴな発想。ところが、うまい！　香り高いスミの風味、妖艶な色彩、一度味わってみては……。

材料は二人分で、スパゲティ二〇〇g、イカの塩辛・黒造り一瓶、タマネギ一個、ニンニク二片、生クリーム、バター適量。人数に応じて量を調節する。恋人と二人、ロマンチックにスパゲティを楽しむのもいいが、イカの黒造りで作るから、お歯黒になる可能性は大。気のおけない連中と笑いながら、作り、食べることをおすすめする。

●生クリームでまろやかさが増す

タマネギとニンニクをみじん切りにしてフライパンで炒めた後、イカの塩辛・黒造りを加える。

スパゲティをゆでたら、湯をきってフライパンに入れ、バターをからめる。さらに前って炒めておいたものと混ぜ合わせてサッと炒める。これが基本だが、生クリームをたらりと入れて火を通すとまろやかなうまみがグンと増す。

要領のいい人は、スパゲティをゆでている間に、タマネギを刻んだり、炒めたりする。それではあせってしまうという人は、先に下準備をすませてからゆっくりゆでればいい。

生クリームの代わりにマヨネーズをからめても美味。スパゲティはゆでる手間はかかるが、アイデアしだいでイカようにも味が広げられるのが魅力。

野外でイカスミのミスマッチ！

イカスミは塩辛の黒造りで。
代用の必殺技
ゆで上がったら具をからめるだけの手軽さ。
これぞスパゲティの底力

阿鼻叫喚 テンヤワンヤ 巨大オムレツ

●初めにプレーンオムレツありき

オムレツはプレーンに始まってプレーンに終わるといわれる。簡単そうでいてむずかしく、それだけ奥が深い。

卵は一人当たり三個見当でボウルに割り入れる。五人だとボウルの中で卵の目玉が一五個もキョロキョロすることになり、「キモチワルー」とわめく人もいるから、塩コショウを加えてすばやくかき混ぜる。

どれくらい鉄板が焼けているか、火加減がポイントになる。低い温度だと卵を流し込んだとき、しどけなく、ダラーッと四隅に広がってしまう。

●オムレツは楽しい、おもしろい、うまい

まず鉄板を熱してサラダ油をひき、いったん火からおろしてあら熱をとる。再度火にかけたら、バターをたっぷり落とし、ジューッと快い音を聞き、おもむろに卵を流し込む。

卵がプクプクふくれてきたら、ターナーなどで半熟状の部分をかき混ぜながら、焼けた部分を返し、形をととのえる。外側においしそうな焼き色がついていて、中がまだ半熟状というのが上等なプレーンオムレツである。

ビッグ・エッグ状に完成すれば大成功だが、ときには大胆に失敗して「もんじゃ風」になるから、自信がないときはスクランブルエッグか、目玉焼きくらいが無難な線だ。好みでトマトケチャップ、ウスターソース、しょうゆなどをかける。

ハム、ベーコン、肉類、キノコ、タマネギ、ジャガイモなどを適当に組み合わせて炒めてからオムレツにしても、もちろんおいしい。

流れ出す卵をすばやくまとめる

卵を１人当たり３個見当で
豪快に割り入れる

ビッグ・エッグ型におさまれば大成功。くずれてしまっても、もちろんおいしい

ついつい食べすぎてしまう貝焼き尽くし

●軍手と炭ばさみは必携品

貝尽くしの饗宴を開こう。人数がたくさんいれば、貝類も種類豊富に取りそろえられて、楽しい。

カキ、ホタテ、ハマグリ、サザエ、トコブシ、アゲマキ、手に入るものはなんでも焼いてしまおう。とはいうものの、カキなどは生で食べたいから、半分だけ焼くことにする。

焚き火の上に網をのせ、貝類をのせて焼き上がりを待つ。

このときに軍手と炭ばさみは必需品だ。貝をひっくり返すのに炭ばさみはとても便利。

●ズズッの後は、うまさで沈黙

カキは火が通ると少し口が開くから、貝柱をナイフで切って開ける。塩気があるから、レモン汁だけでもいいいし、酒としょうゆをちょっとたらしてもうまい。

二枚貝は火が当たったほうから貝柱がはがれる。せっかくのうま汁がこぼれてしまうから、すみやかにひっくり返す。

ホタテは周囲のヒモ、黒いキモ、身と殻をつないでいる貝柱まで全部食べられる。しょうゆと酒で調味し、エキスの出たツユを最後にズズッとすする。

生食もできるカキやホタテは、焼きすぎないことがコツ。ハマグリは日本では刺し身にしないが、フランスではレモンを絞って生で食べる。これも焼きすぎず、口が開けばＯＫ。

サザエは身とキモの先端の間にあるジャリジャリ部分以外は全部食べられる。

結局、どれもシンプルに酒としょうゆか、レモン味ということに落ち着いてしまった。

炭ばさみ
軍手
病みつきになる貝尽くしの饗宴
サザエ
ハマグリ
ホタテガイ
トコブシ
カキ
アゲマキ

●豪放なスタイル 生サケのチャンチャン焼き

●「チャンチャン焼き」の由来は?

北海道は知床《しれとこ》半島あたりで盛んに催されるチャンチャン焼きは、漁師料理の典型ともいえる豪放なスタイルが魅力。北海道の秋といえば、すぐに思い浮かぶのが「秋味」と呼ばれる生サケ。チャンチャン焼きも、当然、この生サケが主役である。

名前の由来は、お父ちゃんとお兄ちゃんが作ったからという説と、冷たい海風の中、チャンチャンコを着て作ったからという説など、二、三あるようだが、真偽のほどははっきりしない。いずれにしても、野外料理の醍醐味を十分に満喫できる料理だ。

●みそを鉄板で温めておく

秋口ならば、白子もいっしょに焼けるので、オスのサケを買い求める。まず腹をさいて内臓を取り出し、白子はひと口大に切り分ける。頭を切り落とし、牛刀などの薄刃の包丁で、頭部から尾に向けて一気に骨の上を滑らせ片身をおろす。残った半身を返して骨を下にし、同じ要領で三枚におろす。

用意する野菜はとくに決まりはないが、ハクサイまたはキャベツ、モヤシ、ネギなどが一般的。キノコもいいだろう。それと、ネギをたっぷり刻んで、酒でゆるめたみそに混ぜ込んでおく。

焚き火の炉に鉄板をのせてサラダ油を熱し、身を下にしてのせ、かなり焼けたらひっくり返して身にネギみそを塗り、皮側を焼く。再び返してネギみそを焼き、もう一度返せば完成だ。後は片手にビール、片手に箸を構えていっせいに襲いかかる。

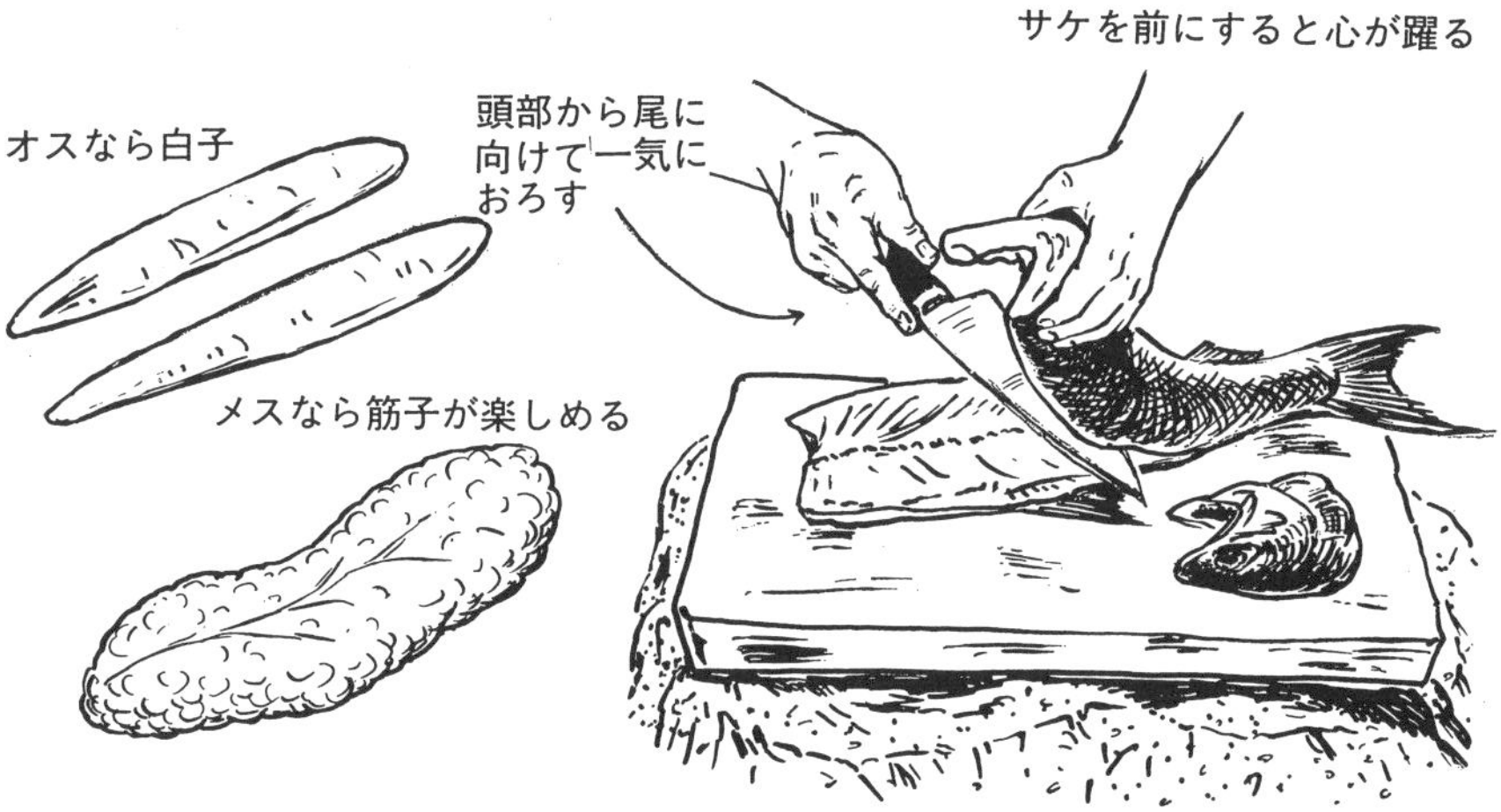
サケを前にすると心が躍る
頭部から尾に
向けて一気に
おろす
オスなら白子
メスなら筋子が楽しめる

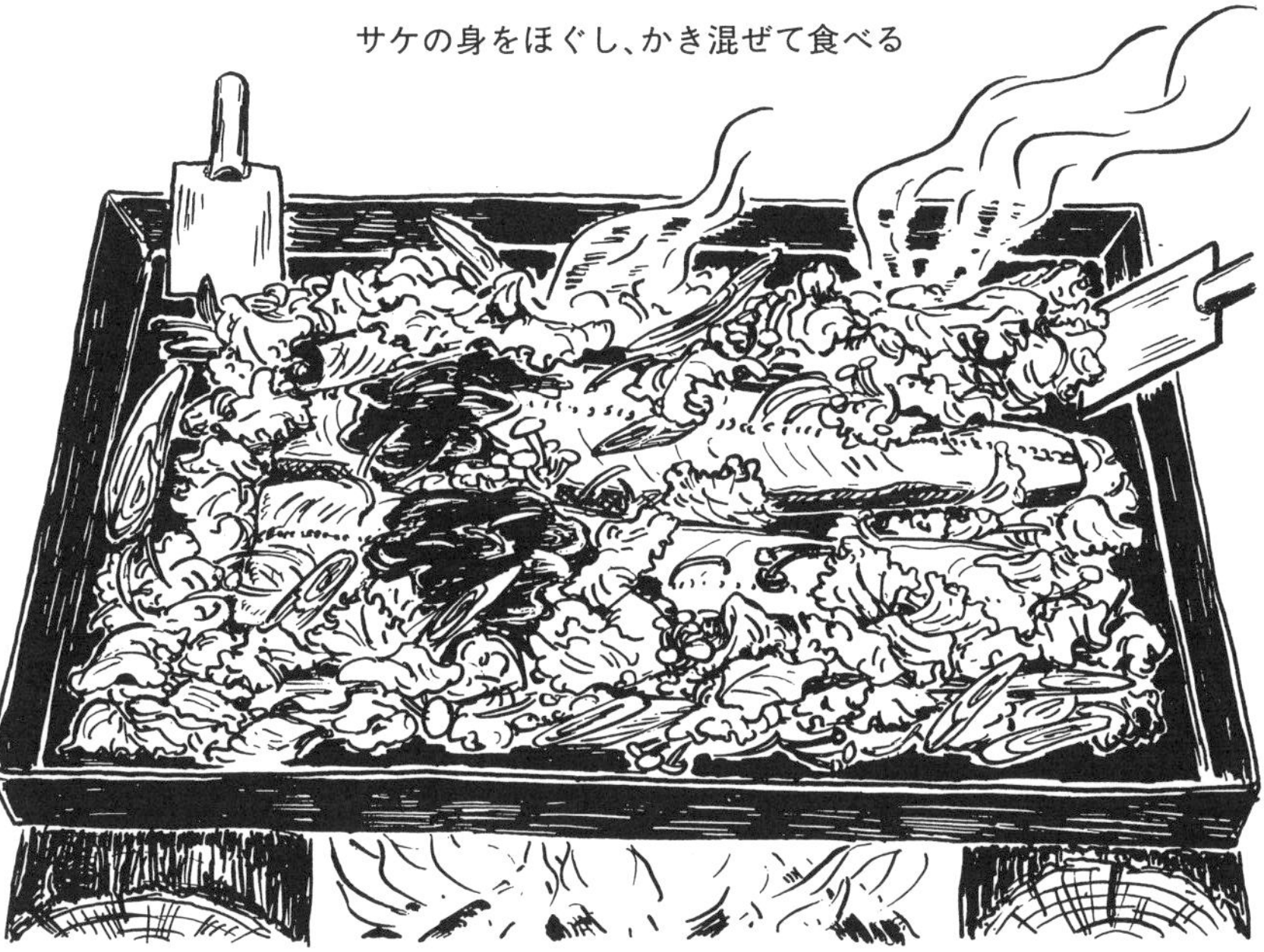
サケの身をほぐし、かき混ぜて食べる

「お見事」の声が飛ぶ
一匹スズキの香草焼き

●オリーブ油とニンニクで地中海気分

行きつけのイタリア料理店に大勢で行くと、いつも注文するのが、スズキのオーブン焼き。丸ごとのスズキにオリーブ油とニンニクをからめて焼いた料理で、淡泊な身がオリーブ油でしっとりとし、白髪ネギ（ネギの縦細切り）がたっぷりかかって、その効果もお見事という逸品なのである。

野外のオーブンといえば、おき火の中や焚き火の下だが、鉄板にフタをすることで、熱効率を高める方法もある。このやり方で地中海風スズキの香草焼き、と気取ってみよう。

●アルミホイルをフタ代わりに

フタが問題だ。魚も小物ならボウルをかぶせればいいが、スズキでは無理。そこで、アルミホイルでフタを作る。二枚のアルミホイルをずらして幅をとり、縦も十分にとって、スズキとフタの間に空間ができるようにする。

スズキはウロコを取り、エラと内臓をはずして水洗いする。両面の皮に五、六か所縦の切れ目を入れて、塩コショウする。用意する香草は、タイム、パセリ、コリアンダー、それに白髪ネギ。香草は粗くたたいておく。

鉄板を熱し、オリーブ油を多めにひいて、粗くつぶしたニンニクを加え、スズキをのせる。フタをして弱火でじっくり焼き、一度返して火を通す。焼けたところに香草を半量散りばめて再びフタをして加熱し、香草をしんなりさせる。でき上がったら白髪ネギをふんだんにのせ、レモンを絞る。半身が片づいたら、返して身を上にし、残りの香草をかけてフタをし、同じ要領で食す。

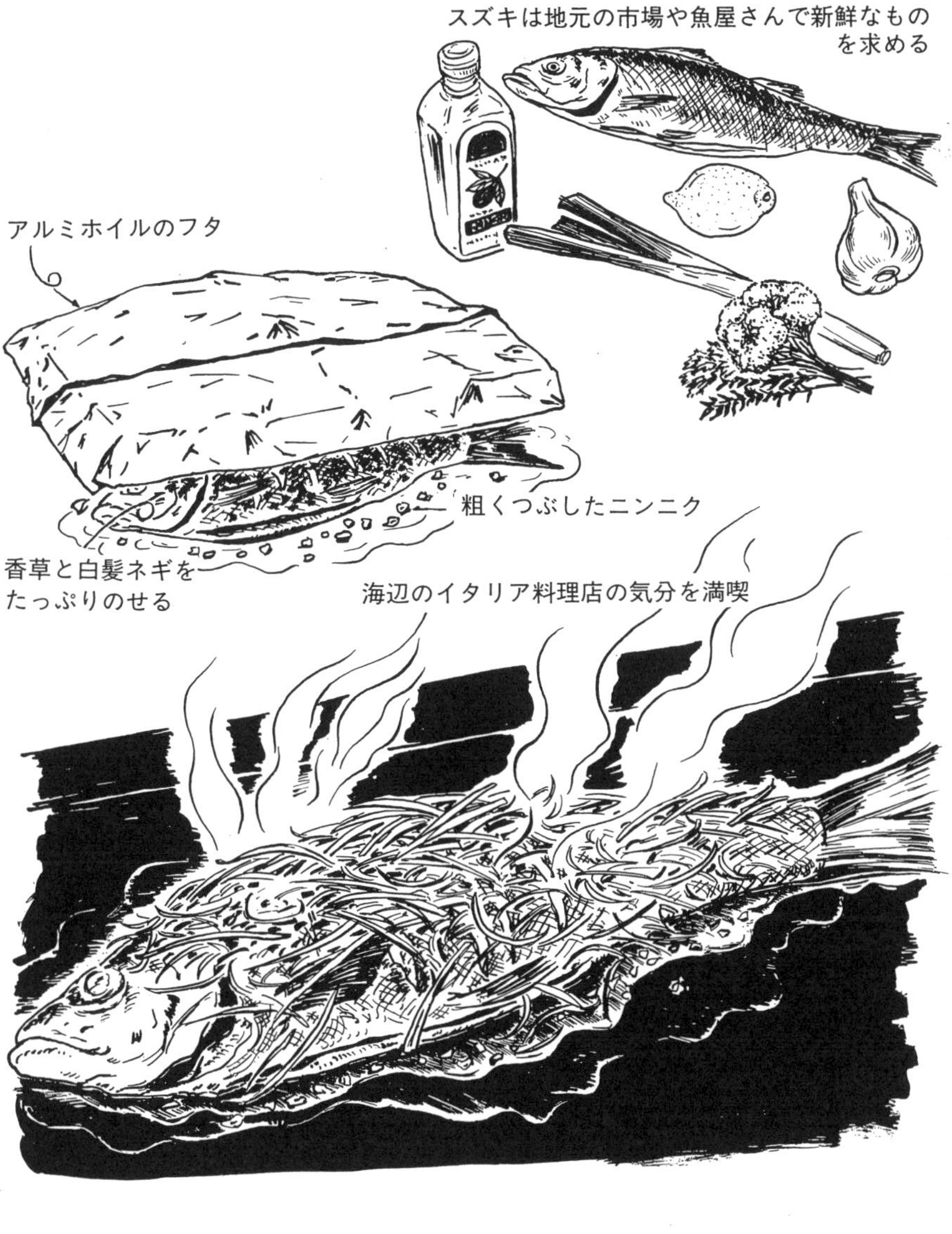
スズキは地元の市場や魚屋さんで新鮮なものを求める
アルミホイルのフタ
粗くつぶしたニンニク
香草と白髪ネギをたっぷりのせる
海辺のイタリア料理店の気分を満喫

たたき料理のフルコース 貝サンガと板サンガ

●ひたすらたたかれ、貝の上

サンガはもともと漁師料理。房総半島や九十九里の呼び名で、魚のたたきを貝殻に詰めて焼いたもの。代表的なのが貝サンガで、ほかに、板サンガ、焼きサンガがある。

材料はイワシ、アジ、コノシロ、ボラなどのほか、白身魚、スルメイカ、旬《しゅん》の安い素材なんでも結構。材料を購入するときに、ついでに魚屋さんでホタテやアワビの貝殻をもらっていけば、雰囲気が盛り上がる。

魚は三枚におろして皮をひき、スルメイカはワタをひき抜いてスミをはずし、ワタは身といっしょにたたく。これらの下準備した材料をリズミカルに、包丁でたたく。薬味にみそと刻みネギとショウガ汁を加えてよく混ぜ、まずは生のままでつまんでみる。

こいつが至上の美味なのだが、目的は貝サンガ。貝殻に詰めて、網にのせて焼く。たたきがもし残りそうなときは、卵、小麦粉をふってこねて、つみれを作り、気分を変えて、つみれ汁という手もある。

●板と炭との板ばさみでジュワーッ

板サンガは最も野趣あふれる料理。細長い板切れにたたきを伸ばして、あらかじめおこしておいた炭や薪を全面をおおうようにして直接のせる。ジュワーッと蒸気が立ち昇り、瞬間に調理されるのがわかる。炭を取り除いてさっそくいただく。

熱源は一方通行なので、下のほうは半生かもしれないが、もともとたたきは生食できるのだから、気にしないことだ。

木の葉にはさめば焼きサンガになる。

〈貝サンガ〉

貝殻に詰めれば気分も盛り上がる

イワシやアジなど旬の素材を
おろして豪快にたたく

〈つみれ汁〉

汁物が欲しいときに重宝

〈板サンガ〉

炭をじかにのせてジューッと焼く

手作りのプロセスを楽しむ アジの干物

●新鮮なうちに干物にしよう

釣りで一泊するときは干物づくりをマスターしておくと便利だ。まあ、たくさん釣れたらのハナシだが……。朝食に炊きたてのご飯と手作りの干物なんてシャレてるじゃないか。干物は保存がきき、また塩焼きとはひと味違った味覚が楽しめる。家庭でもやる気さえあれば可能だ。ぜひトライしてほしい。

オーソドックスにアジの干物を作るが、キスやカマスなどもおいしい。

アジのぜいごをそぎ、エラを手でひっぱり出したら、腹底に包丁を入れて内臓を抜き取る。ここでいったん腹の中を手早く洗う。次に、腹から包丁を入れて骨の上を滑らせ、身を開く。頭は割れた部分から刃先を入れて、一気に奥のほうへ運び、二つ割りにする。

●洗濯ばさみとハンガーがあると便利

海水よりややしょっぱい加減の塩水を作り、三〇分くらい漬けておく。塩水に酒を加えておくと、干物がさらに味わい深くなる。

この作業を「たて塩」という。

次に、魚を引き揚げて、天日の当たる風通しのいいところに約二時間、さらに日陰に約半日干す。したがって、一泊するときには、昼釣った魚を日が残っているうちに処理して、平たいザルに並べて外に干しておくか、針金に吊るしておけばいい。

干物づくりを想定して洗濯ばさみやハンガーを持っていくと便利だ。木と木の間に細いロープをわたし、そこにかければいい。ザルの場合はノラ猫に注意。翌朝に雨でも降らない限り、自家製の干物が食べられる。

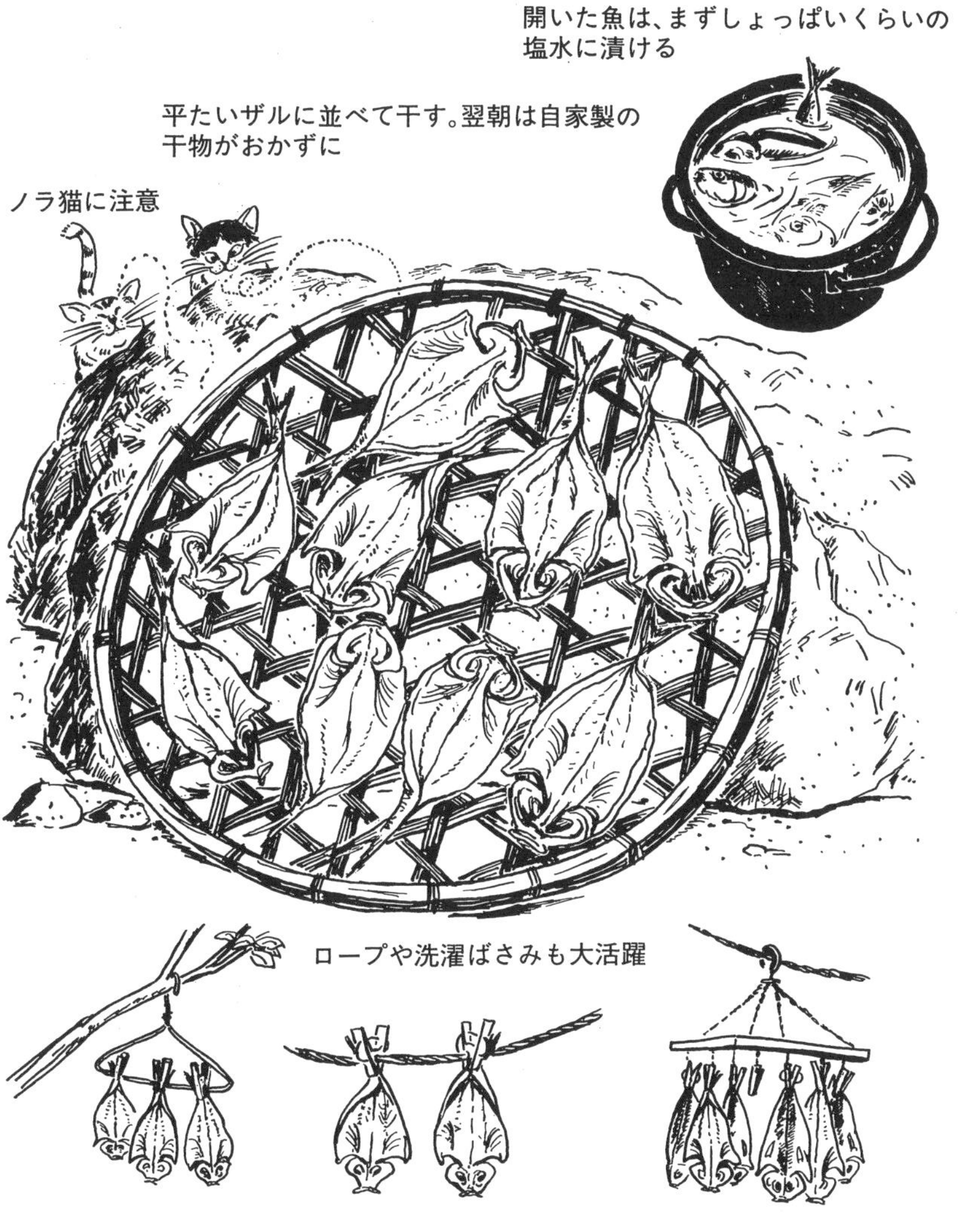
開いた魚は、まずしょっぱいくらいの
塩水に漬ける
平たいザルに並べて干す。翌朝は自家製の
干物がおかずに
ノラ猫に注意
ロープや洗濯ばさみも大活躍

●ダイコンとキノコのホットからみ餅

●名前に隠された、かけ言葉は?

餅を野外に持っていくと、とても重宝する。保存がきき、調理は簡単、主役、脇役と幅広く使え、和・洋・中、どんな素材とも相性がよくて、大きさのわりには腹もちまでいい。餅愛好家のボクとしては、ここは一発、決めなければなるまい。正統を重んじ、しかもどこかに異彩を放つ、これが真骨頂というもの。

フライパンで焼いた餅とキノコに大根おろしをかけただけのシンプルな餅料理、名づけて「ホットからみ餅」。料理はいたって単純だが、じつは、このなにげないタイトルには複雑な言葉のあやが隠されているのだ。

「ホット」には「辛い」という意味があるのをご存知だろうが、「からみ」とはまさしく「辛味」であって、「ホットからみ餅」とは、

辛い辛い餅、という意味。その辛さの元がダイコンだ。ところが、近頃のダイコンときたらちっとも辛くない。そこで、「ホット」を「熱い」、「からみ」を「絡み」とし、熱くからみ合う餅、と解釈すれば筋が通る。

フライパンをのぞいてごらんなさい。白い餅肌と大ぶりのキノコが熱くからみ合っているから。そりゃあ、見られたら恥ずかしい。だから、大根おろしのベールでおおったというのが、この「ホットからみ餅」である。

●餅愛好家おすすめの味

フライパンに油を薄く熱して、餅とキノコを入れて蒸し焼きにする。その間に大根おろしをたっぷり用意し、餅が焼けたのを見計らってかけ、しょうゆを回しかける。

寒い季節には家の中がおすすめ。

ダイコンをたっぷりすりおろす

フライパンで餅の両面を焼く

大根おろしたっぷりのホットからみ餅

●手塩にかけない四角い焼きおにぎり

●レトルトパックの前向きな使用法とは

「手塩にかける」とは、愛情を注いで自らの手でたいせつに育てることだが、これはもともと「おにぎり」に関係がある。にぎるときに手のひらにつける塩のことで、おにぎりが心の通い合う食べ物、ということが、その言葉ひとつで感じられる。

おにぎりはまさにそうした食べ物。三角の型に詰めてプレスしたコンビニのおにぎりなど、おにぎりもどきだ。そんな中途半端なものを野外に持っていくのはやめて、手塩にかけた正しいおにぎりにするか、さもなくばいっそのこと、まったく手塩にかけない、つまり、にぎらないおにぎりはないものか……、と試行錯誤するのが、いっぱしの野外料理人たるもの。

●外はパリッと、中はファーッと

そこで完成したのが、レトルトパックを使った焼きおにぎり。四角、というのが見た目に新鮮。わびしさ、ものぐさのイメージがつきまとうレトルトパックの白いご飯が、生き生きと見えるから不思議だ。

袋から慎重に取り出して、四角のまま網にのせて遠火でじっくり焼く。一度返して両面を焼き、しょうゆかみそを塗ってもう一度網にのせ、ほんのり焦げ目がつく程度に仕上げる。たいせつなのは、表面をパリッと焼くこと。こうしないと、しょうゆ味の場合、ご飯がしょうゆを吸い込みすぎて、くずれてしまうことがある。うまく焼ければ、中はしっとりとやわらかい。焼きおにぎりはパックに限る――これも四角四面か。

袋から慎重に出して
じっくり焼く
たかがパックご飯というなかれ

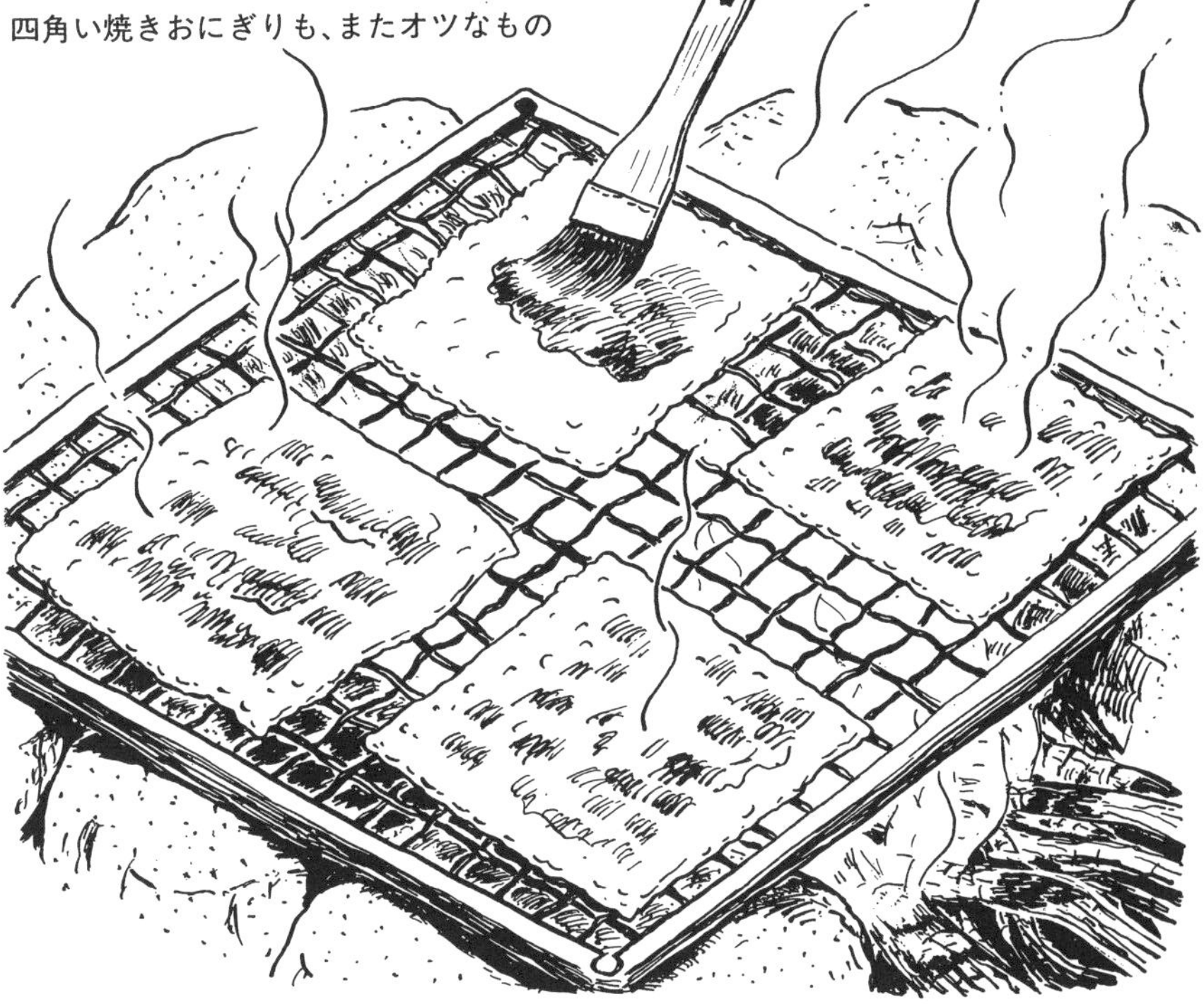
四角い焼きおにぎりも、またオツなもの

◆コラム④
野外で飲むビール

日頃から酒はよく飲む。ビール、ワイン、日本酒、焼酎、ジン、ラム、などが好物。国外を旅すれば土地の酒を必ず見つけ出してたしなむことにしている。——要するに、ただの飲んべえなのだ。

好きな酒を一つだけ選べ、と苦しい選択をもし強いられたなら、間違いなくビールを選ぶだろう。ほかの酒はなくても生きていけそうに思えるが、ビールだけは自信がない。

野外で遊ぶときもビールが多い。とくに山で飲むビールは格別だ。息をきらして山道を登りきり、山小屋にかけ込んで、汗のひかぬ間に一気に飲み干す瞬間はたまらない。

ビール業界の愚かなラベル競争など関心の外。ほんとうのビールのうまさは、飲む人自身が作るものなのだ。運動の後、風呂上がり、仕事がひけて……。そんなときに飲むビールのうまさは、ラベル無用だ。

久しぶりに……、というのも要素の一つだが、よほどの大病にでもならない限り、毎日飲みつづける私にとって、その状況は国外の山で突如訪れる。高山病を予防するために我慢するのだが、四千mを越えたあたりから自然と飲めなくなる。こんなときは、下界での慢性的飲酒癖で疲れきっている肝機能を回復させている、と思ってあきらめる。行程にもよるが、二週間から三週間は一滴も口にしない。飲めない夜が五日もつづけば、酒のことをあまり考えなくなるから不思議だ。

下りにかかると、少しずつ舌がうずいてくる。登るときと同じ高度でも、体が完全に順応しているからだ。そしていよいよ四千mをきったあたりの村で久しぶりのビール。

うまいんだなぁー、これが……。

酔いも早いが、飲めて飲めて仕方ない。

V

火を焚こう 炎を見つめよう

火つけ・火焚きの術

アユ汁とアユの塩焼き

●焚き火はまず、かまどづくりから

●調理用にはそれなりのかまどがある

焚き火で料理をするときは、かまどを作ろう。

焚き火を囲んでのキャンプファイアーならば、火が立ち昇るオープン型の焚き火でいいが、調理をするときは炭火料理の要領で長く火をもちさせたいので、火を一点に集中させ、クローズ型の焚き火にする。

●かまどづくりの四つのポイント

①かまどに最適な場所を選ぶ

かまどの設置場所は、テントに近くても火の粉がテントに飛ばない風下側を選ぶ。

炊事をするため、水場に近いと便利である。ただし、湿地だと火が燃えにくいので、水に近いといっても、乾いた場所を選ぶこと。枯れ草の近く、乾燥した草の生い茂ったようなところは、火事の危険性があるので、絶対に避ける。

②火の周囲に囲いをする

かまどは石を組み合わせたり、穴を掘ったり、枝を組み合わせて作る。燃焼効率を高めることが目的だが、かまど自体が上にのせる鍋や網の支えになったりする。

③風の通り道を作る

空気の通り道として、風向きを見て、一～二か所空間を作っておく。コの字形にかまどを組む場合は、風が吹き込む側だけ開けておく。空気穴の開閉により、火力を調節する。

④人数に合わせてかまどの大きさを調整

人数とキャンプ期間に応じて、かまどの大小を調節する。必要以上の大きさのかまどを作るのは時間と労力のむだづかい。

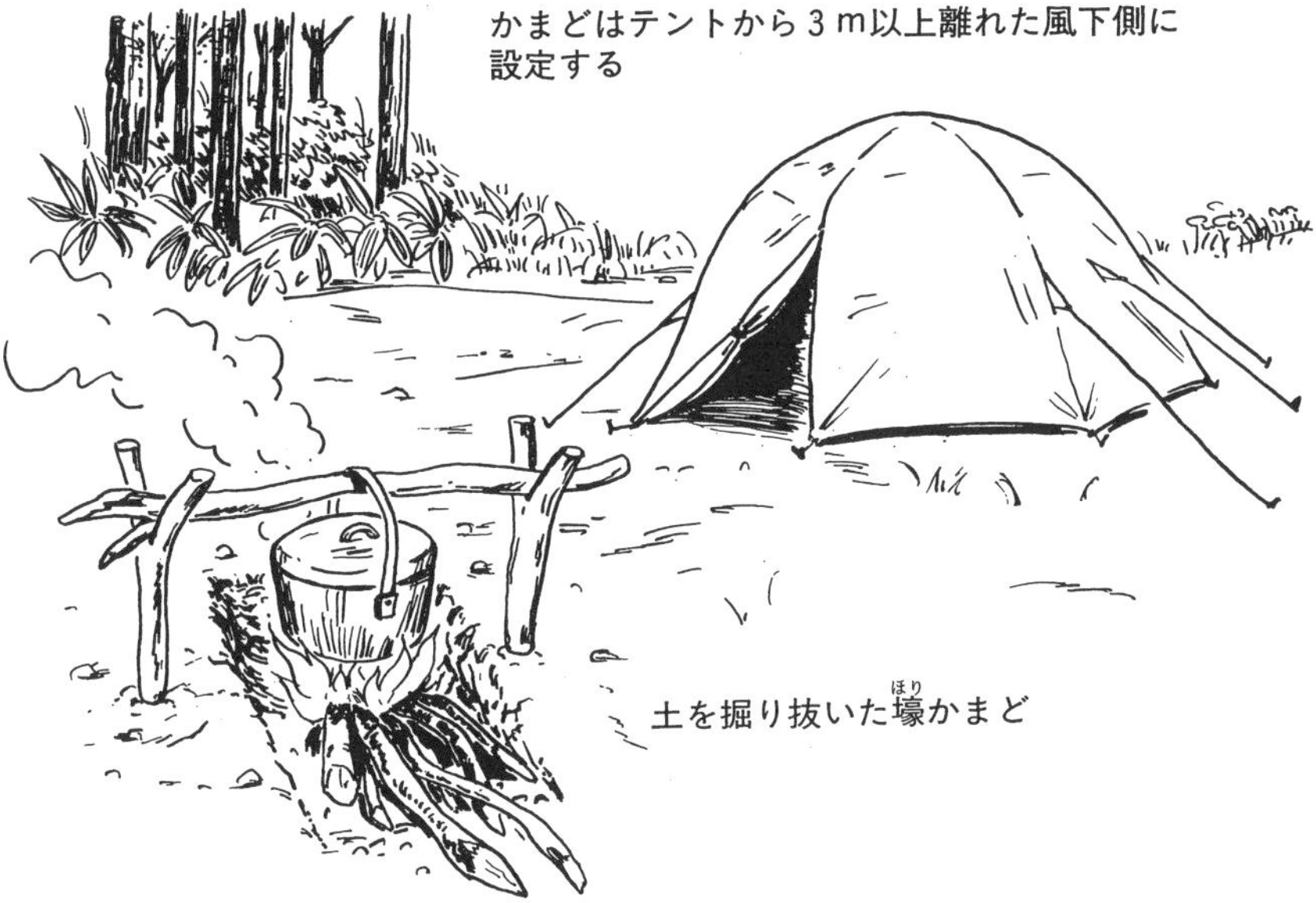

かまどはテントから3m以上離れた風下側に
設定する
土を掘り抜いた壕《ほり》かまど

立ちかまど

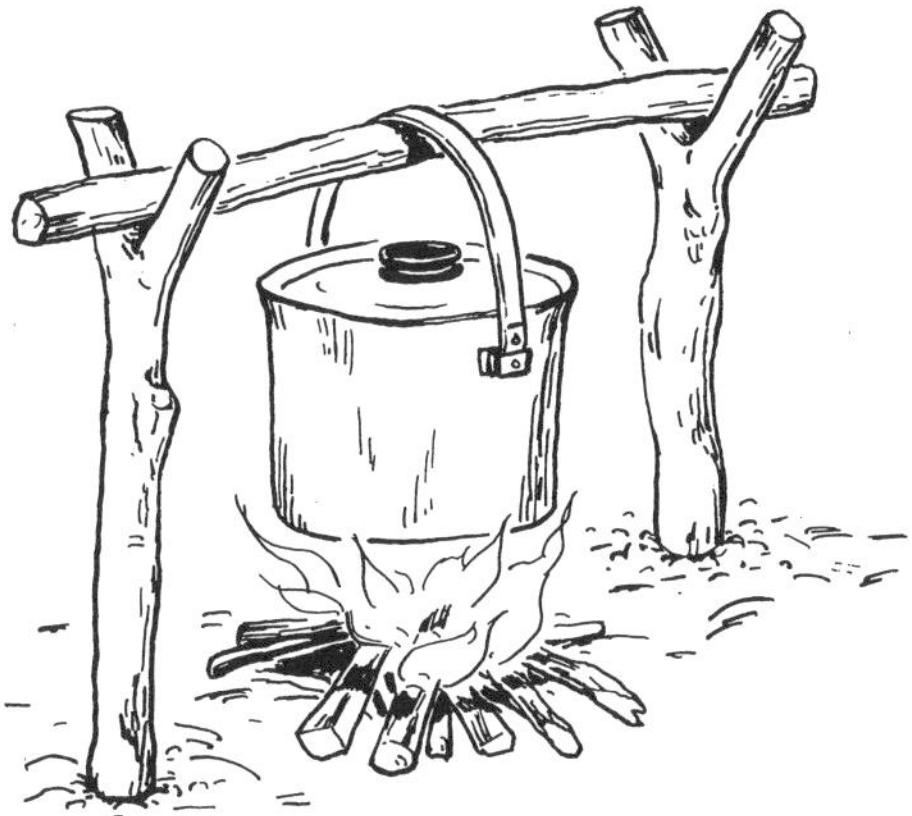

丸太かまど

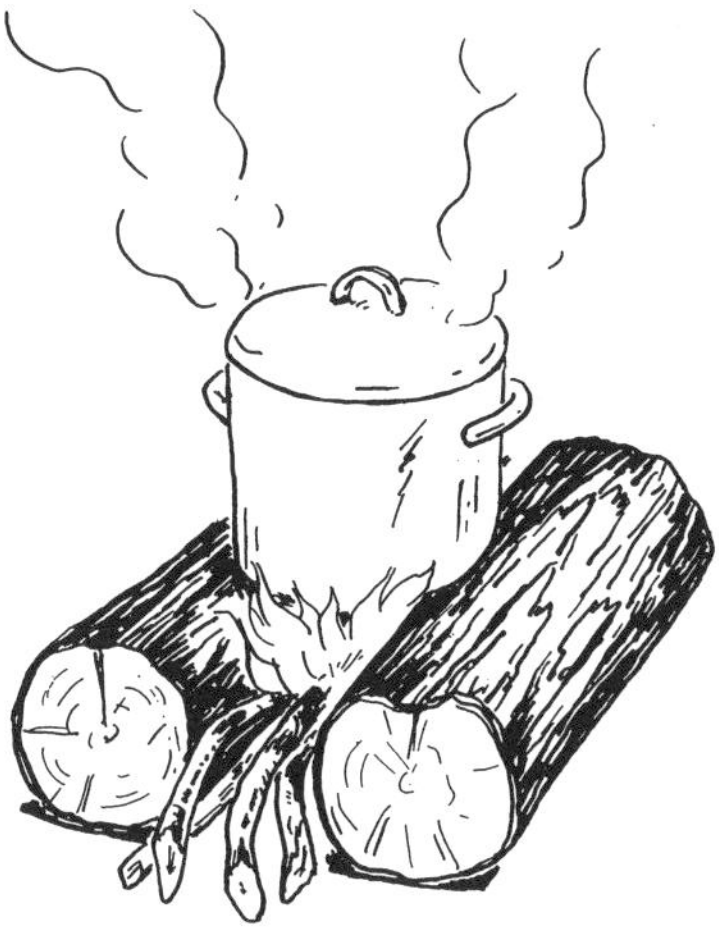

●石を組むかまどの種類と作り方

●初めに石ありき

調理用の焚き火は火が分散しないクローズ型であることが望ましい。かまどを作ってしまえば、より熱効率のいい焚き火になる。かまどは石を用いて作るのが一番便利。キャンプを設営したら、まず大きな石を探そう。

石の組み方もいろいろある。そのときどきで集めた石により、臨機応変にかまどを作る。

鍋やコッフェルなどをのせやすいように石を組むことがポイント。飯ごうなどは取っ手を枝に引っかけて吊るすか、網にのせる。

●かまどあれこれ

①二点かまど

高さが等しい石を二つ向かい合わせて並べ、石の間で火を焚く。石の間を狭くすれば、そのまま鍋をのせられる。

②二段重ねかまど

大きな平たい石を二段に積み上げて高くし、石の上に太い丈夫な枝をわたして、飯ごう類を吊り下げる。

③三点かまど

石を三角の形に三個おき、その中央で火を焚いて鍋をのせる。こぢんまりとした焚き火なので、小人数向きだが、鍋の安定度は高い。

④コの字形かまど

コの字状に石を積んで囲み、風上方向を開けておき、その隙間の大小により火を調節する。最も一般的なかまどである。

⑤多石利用のかまど

凹凸を組み合わせながら、要塞のように周囲をがっちり石で固め、空気穴を二か所作る。大勢のキャンプに向く。

二段重ねかまど

二点かまど

三点かまど

コの字形かまど

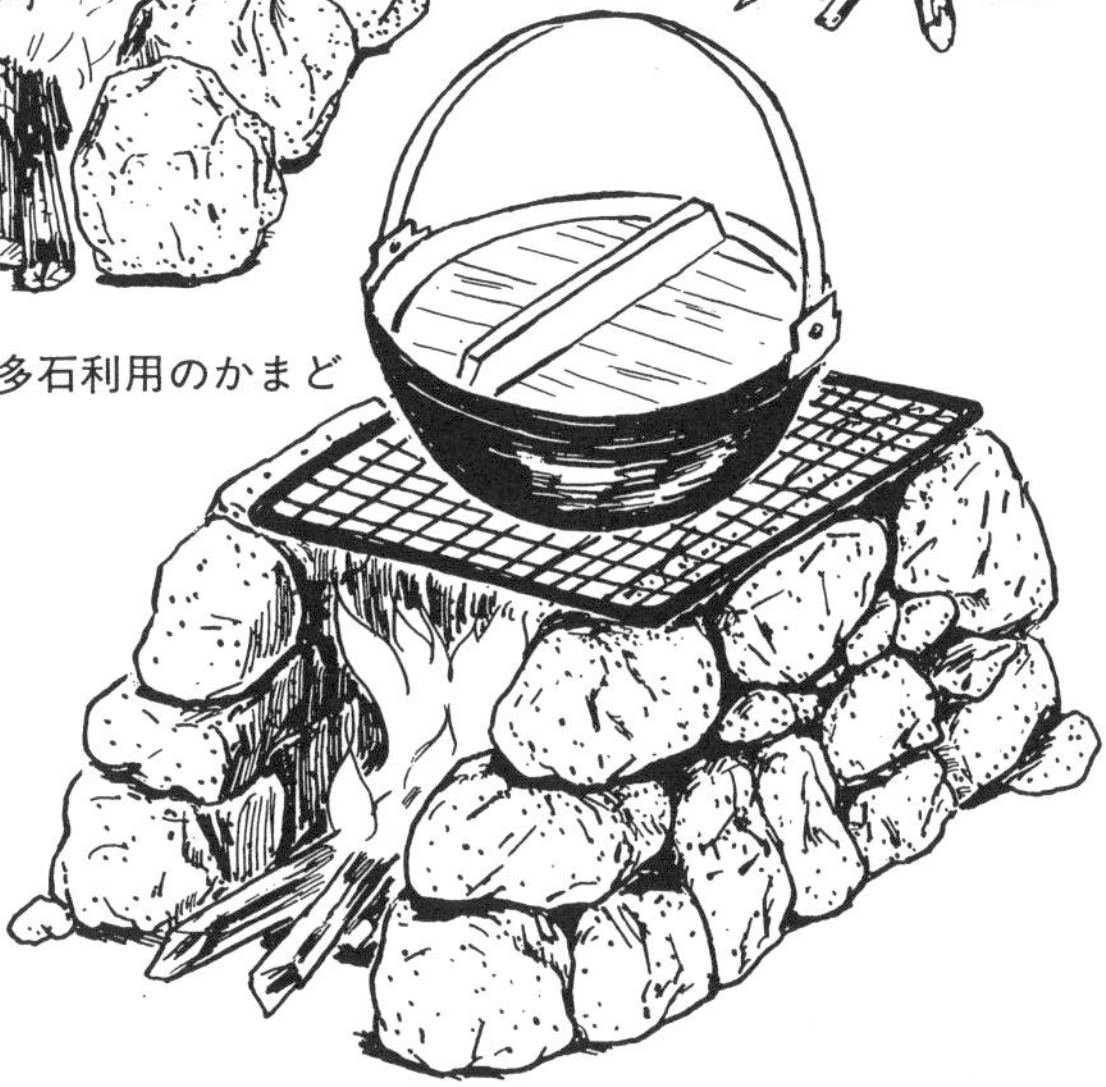

多石利用のかまど

●壕かまどの特徴と作り方

●壕かまどは乾燥した場所に作る

かまどは石だけとは限らない。石がない場合には環境に応じてかまどの材料を判断する。

石は上へ積み上げる発想。だが、下へ長方形に掘り下げてもかまどはできる。それが壕《ほり》かまどである。コの字形に掘り下げ、三面の壁を作り出すかまどもある。

土壁で反射熱があるので、熱が逃げにくく、熱効率は高い。

だが、掘り下げて水が出てくるような湿った場所、雨の水路になるような場所では燃えにくいから、乾燥した場所を選ぼう。

手頃な石や枝が見つからないような場所もあるから、ミニスコップなど穴を掘るものを持っていくと便利である。

●壕かまどの料理ハウ・ツー

①地面にわたした木に鍋を吊り下げる

穴の底で火を焚き、地面にさしわたした木の枝に鍋を吊るして調理する。

②土の熱と焚き火でサンドイッチ焼き

穴で焚き火をし、その焚き火をいったん取り去って、調理素材を入れ、上から焚き火をする。オーブンの原理で上下の熱により調理できる。

③穴入れダイナミック蒸し焼き

穴の中で火をおこし、調理素材をそのまま、あるいはホイルや木の葉で巻いて、ダイナミックに焚き火に突っ込む調理法もある。

海岸近くや川原では壕穴の焚き火で小石を焼き、それを汁に入れて調理するやり方もある。焚き火が燃料を作るわけである。

ミニスコップで長方形の穴を掘り、底部を火床として利用する

壕の片側にスロープをつけ、空気の流入、すなわち酸素の補給をよくする

●枝を使うかまどの種類と作り方

●丈夫な二またの枝を探す

石もない、地面に穴も掘れない。そんなときにはきっと木の枝が助けてくれる。

木の枝で作るかまどのバリエーションを、いくつか頭にたたき込んでおくと便利。

いずれにせよ、鍋やコッフェルを下げるのだから、薪《たきぎ》とは別に丈夫な枝を確保しておく。二またに枝分かれしている枝は重宝する。

●枝を使って、多彩なバリエーション

①オーソドックス物干し竿スタイル

二またに枝分かれしている太い丸太を地面に二本埋め込み、二またの間に枝をわたして、コッフェルや飯ごうを吊り下げる。

②テコの原理でエンヤコラスタイル

二またの枝を一本地面にさし入れて支えにし、二またに太い枝をさしわたして鍋類を吊

るす。片側は地面につくようにし、重石で囲って動かないようにする。

テコのように見えるスタイルはこのほかにも図のようなバリエーションがある。

③三本寄れば文殊の知恵

丈夫で太めの一m程度の長さの木の枝を三差に組んで、針金でしっかり結ぶ。結んでないほうを三角形に広げて地面にのせて固定させ、その間で焚き火をする。鍋類は上から針金で焚き火の上に来る高さに吊るす。

④丸太をかまど代わりに利用

森林に入って、直径三〇cmほどの大きな丸太を見つける。その丸太を二本、石のかまどのように、風向きに平行に並べて、丸太を支点にして鍋をのせたり、枝をわたして鍋を吊るしても調理ができる。

地面にさし込んだ枝の二またに太い
枝をさしわたし、飯ごうを吊るす

焚き火の両側に二またの枝をさし、
コッフェルなどを吊り下げる

丸太かまどは、丸太を風向きと平行
に並べて作る

三差に組んだ枝にやかんなどを針金
で結んで吊るす

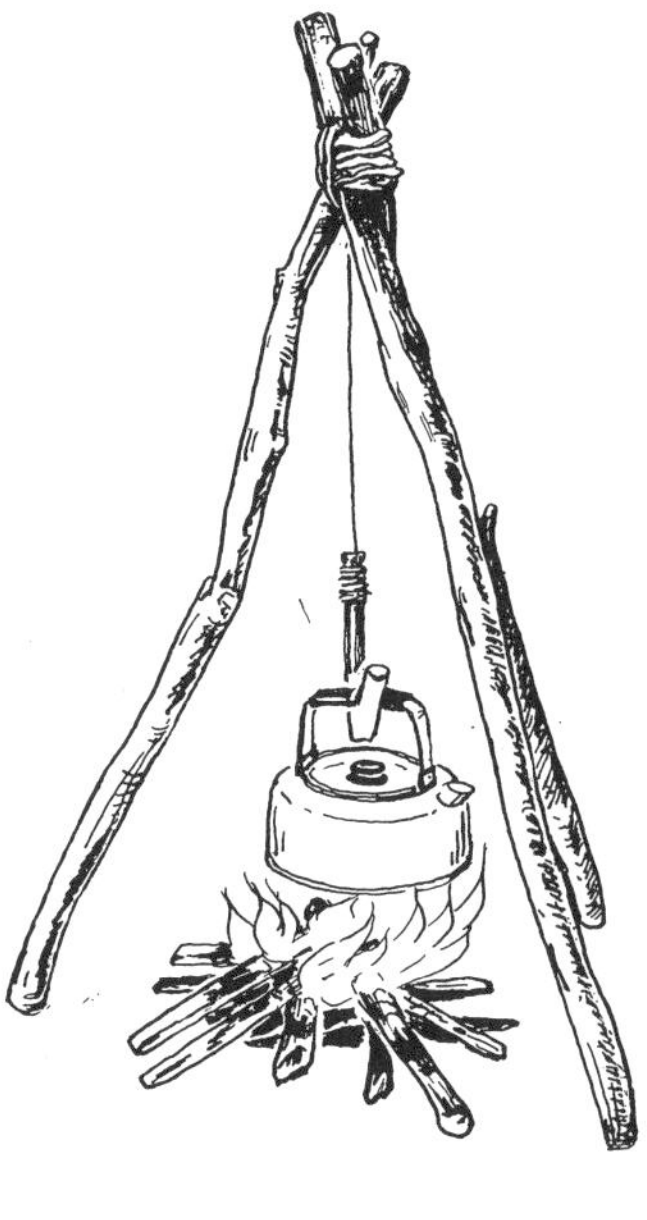

●枯れ葉・倒木・流木を集め、薪に

●いい焚き火はいい薪集めから

腹が減っては戦はできぬ、と同様に、薪がなければ焚き火はできぬ。

そこで、さっそく薪集めを行うが、薪のほかに、火だねとしてシラカバの皮などの樹皮や枯れ葉なども集めておく。

●準備段階、最初の一歩の五か条

①アウトドアのルールを守る

生木の枝を採るのはルール違反だから、やめよう。人が見ていないから、ちょっとだけなら、は禁物。枯れ枝や倒木、落ちている枝などを集める。流木も持ってみて軽いものは乾燥しているから、いい薪になる。

②薪に適する樹木を探す

よく燃える木、火もちのいい木を使えば、焚き火は楽しい。だが、火つきのいい木は火の粉が飛びやすい危険があるので要注意。

その点で、スギ、マツ、クリ、ケヤキなどは不適。

逆に、合格マークの木は、コナラ、クヌギ、カシ、カエデ、ヒノキ、シラカバ類など。

③前日のうちに翌朝分まで集めておく

早朝に薪を集めると、朝露で濡れているので、火がつきにくい。前日のうちに翌朝分まで集めておこう。

④一回分の目安は一人両手いっぱい分

炊事用だけならば、翌朝の分まで合わせて各人が両手に抱えられるくらいの分量を集めればいい。

⑤薪は用途別に約四種類に分類して集める

細い枝から、太さ五～六cmの丸太まで四種類くらいに分類して集めると、後々便利。

根や朽ち木は薪に適さない

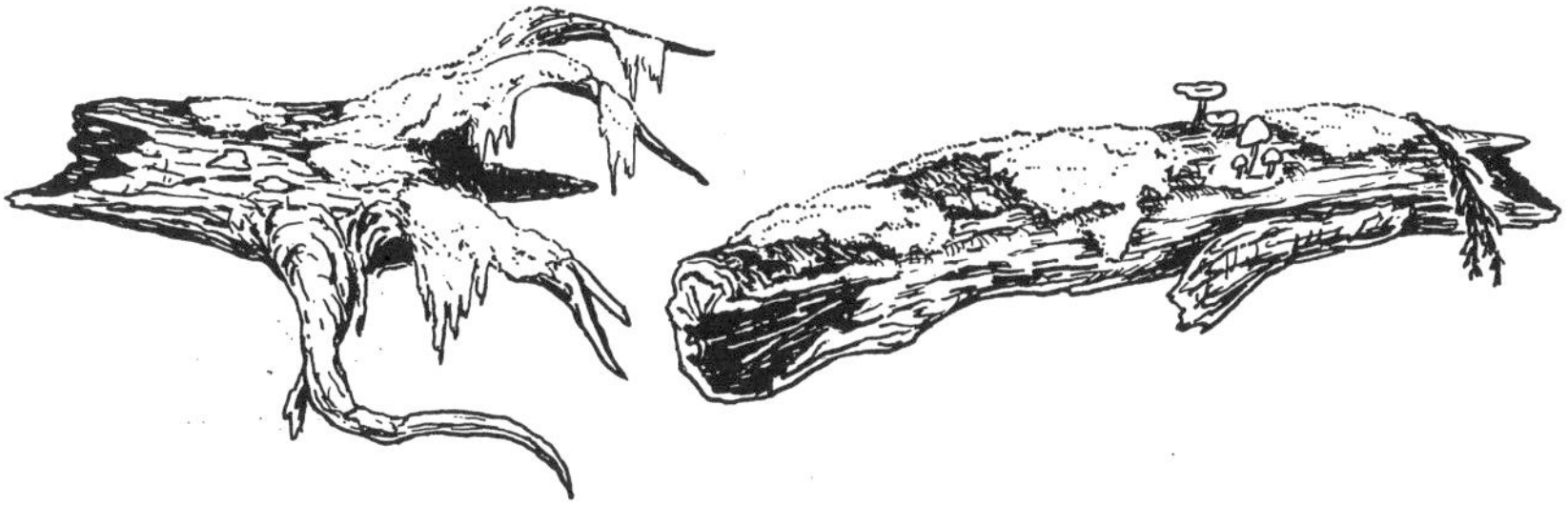

角材や竹などの乾燥した流木は薪に利用できる

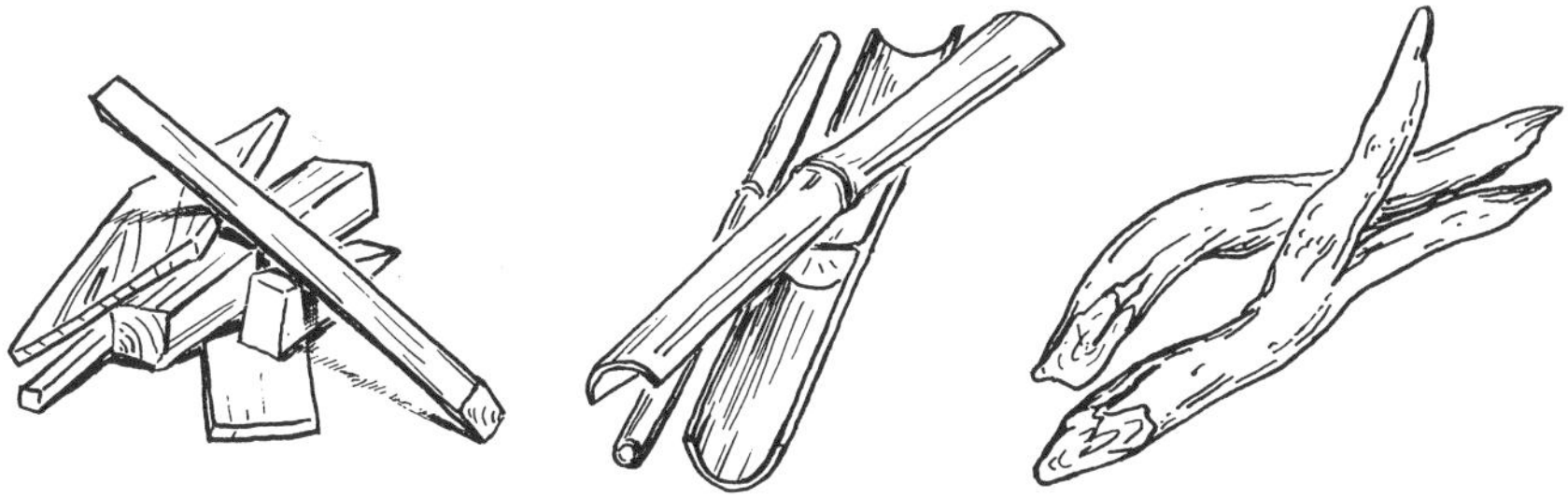

薪を太さ別に区分けしておくと便利

●火もちのいい火床をしっかり作る

●火床づくりをしっかりしておく

野外の焚き火は、火床をしっかりと作っておくことが肝心。初めよければ、すべてよし。火床が焚き火の善し悪しを決定づける。いい焚き火は一度燃えついたら最後まで火もちよく、楽しいひとときを提供してくれる。

●火床づくりのポイント

①火のつきやすいものから燃やす

シラカバの樹皮や、枯れた広葉樹の葉や枝などから燃やす。枯れ枝などは束ねておくと、火がつきやすい。

②加える枝を順番に太くしていく

火がついたら、薪をしだいに太くしていく。火力が強くなったら、細い枝をくべるより、じっくり燃える太い枝を加えるほうが火も持続しやすい。

③燃えにくいときは、燃えやすくする

薪類が燃えにくいときは、薪の表面をナタなどで削って、ささくれ立てるようにしておくと燃えやすくなる。ささくれ部分を下にして火がつきやすいようにくべること。

雨や夜露で濡れてしまった薪は焚き火の周囲に立てて、乾燥させてから用いる。

火は上に昇る性質があるため、薪を立てかけると火つきはよくなる。

④空気の通りをよくする

木の枝や丸太は風の方向と平行に並べると効率いい焚き火ができる。

だが、ベタ―ッと並べると空気の通りが悪くなるから、適当に枝を交差させて空気の通る空間を作っておく。とくに調理用の焚き火では熱が左右に分散しないように注意する。

スギの葉やマツカサなど燃えやすいものを焚きつけに利用する

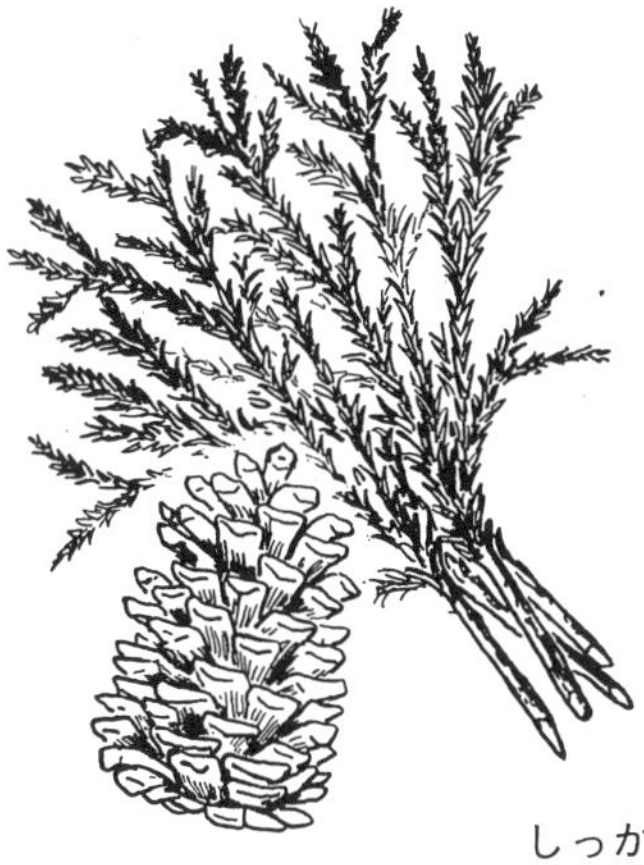

薪をナタやナイフなどで削っておくと燃えやすい

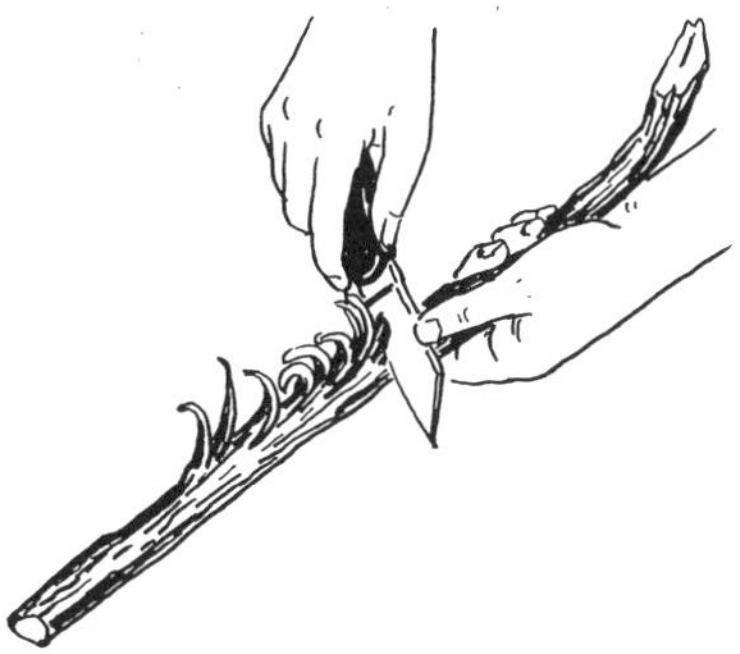

しっかりした火床を作っておくことが、焚き火を持続させる最大のポイント

●薪は「小から大へ」を基本に

●薪の組み方で焚き火の善し悪しが決まる

調理用の焚き火は、かまど内で一定の火力でずっと燃えつづけることをよしとする。このため、炎を大きく立てないのが基本。

炎は上へ向かうので、その熱放出を分散させないように、クローズ型にすれば熱効率が高くなるわけである。炎を一点に集中させるように薪を組めばいい。

●小から大へ組んでいく

①火のつく順番にくべていく

まず、火のつきやすい火だねを並べる。燃えやすいシラカバの樹皮類や枯れ葉を一番下に並べる。乾燥していて燃えやすいものをしっかりと並べて、いい火床を作っておく。新聞紙や牛乳パック、固形アルコール、ゼリー状の携帯燃料も着火用に便利である。

次に細い小枝を加える。数本を束ねてくべると火が分散しないので、火つきがいい。

中細の薪、太い薪と順に山形に積み上げてくべていく。やがて、おき火になれば、後は薪を足していくだけで火が持続する。

②薪を組んでおいて、火だねに点火

着火方法としては、薪を最初に組んでおいて、火だねに点火するやり方もある。確実に着火する火だねを用いて、適当に薪と薪との間に空気の通り道になる空間を持たせ、火が薪から薪へと移りやすいように組むのがコツ。

③雨でも焚き火がしたいときは

雨降り時には、火だねを多くおき、できるだけ乾燥した薪を探して組む。その上に新聞紙や葉のたくさんついた枝をおいて雨を防ぎ、下から着火する。

まず、新聞紙、スギの葉やシラカバの樹皮
などを火だねにする

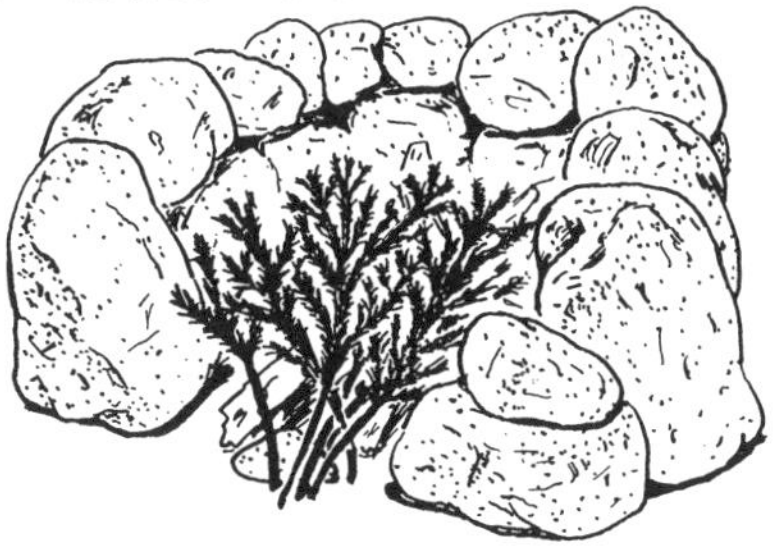

細枝をまとめて積むと火つきがいい

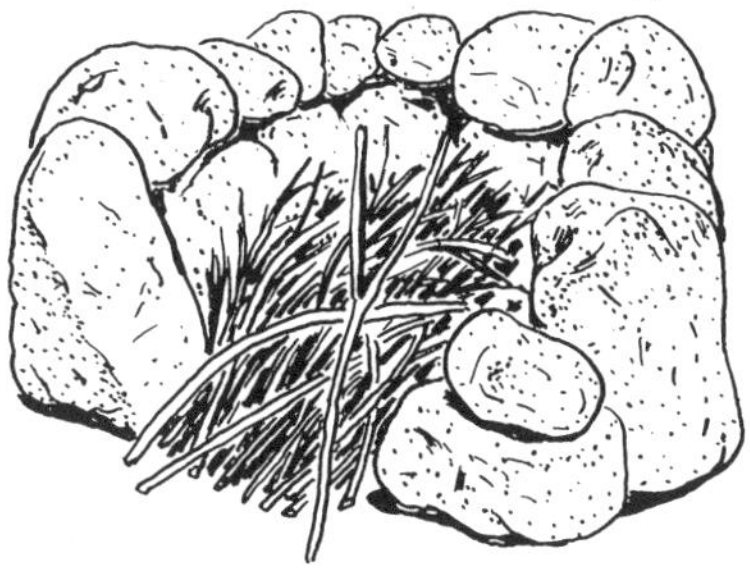

中細の薪を山形に組む

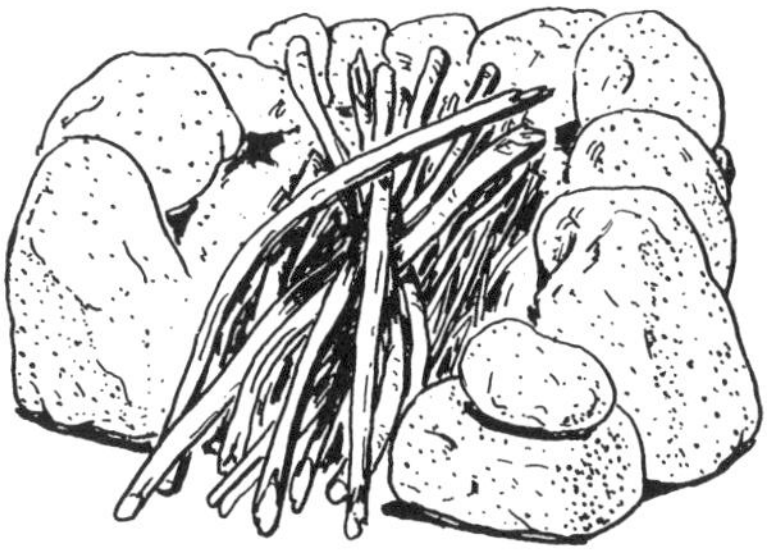

その上に太めの大きな薪を積むと、
火勢が強くなる

●便利な火だねや着火材を用意

●着火材の道具たち

①マッチは簡単便利なすぐれもの

着火材として、マッチは手軽で便利なので、ライターを使うときにもいざというときのために何か所かに分散させて持っていくといい。だが、濡れたら使いものにならないから注意。

濡れないようにマッチ専用のマッチケース、ジッパーつきのビニール袋などに入れていく。フィルムケースはマッチケースにも早変わり。マッチを入れて、すりペーパーは裏ブタにつけておく。ほかのマッチが万が一濡れてしまったときなどの予備に持っていけば安心だ。

このほか、防水マッチ、何ですっても火がつくマッチ、いつでも引火可能なメタルマッチ、オイルライターのようなマッチなどが市販されているから、用意すると心強い。

②ライターは優良着火材

ライターは、点火が簡単で、炎の大きさを調節できるという利点があるが、石やオイル切れが生じたら、文明の利器も役立たない。予備のライターを持っていくか、マッチも持参しておけば安心だ。

③その他の着火用便利品

市販の着火材には、ワンタッチで火がつく棒状のスパークライターもある。このほか、火を早くおこすためには、固形アルコールやゼリー状の着火剤なども重宝する。

●できれば利用しないもの

石油、ガソリン類は直接薪にかけて火をつければ着火はいいが、雨天などよほどの場合を除いて炊事用には使用しないこと。においが強烈だし、やけどなどの危険性がある。

防水マッチ

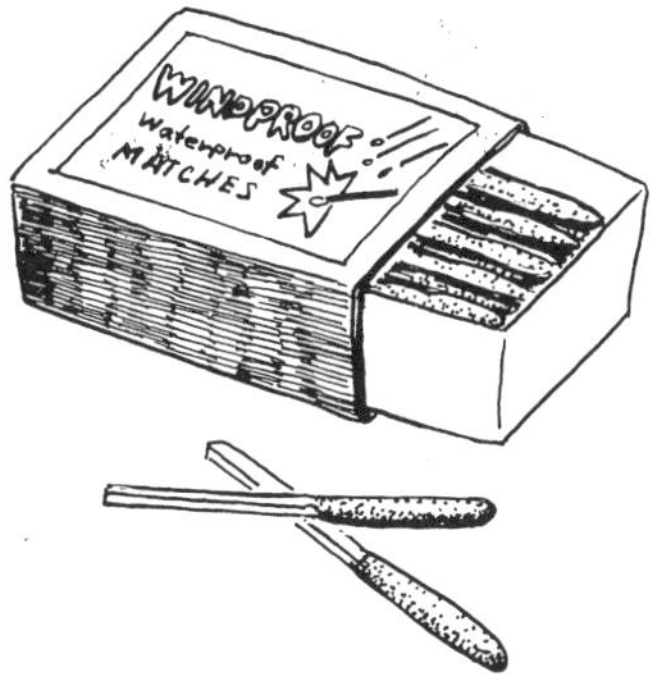

ライター

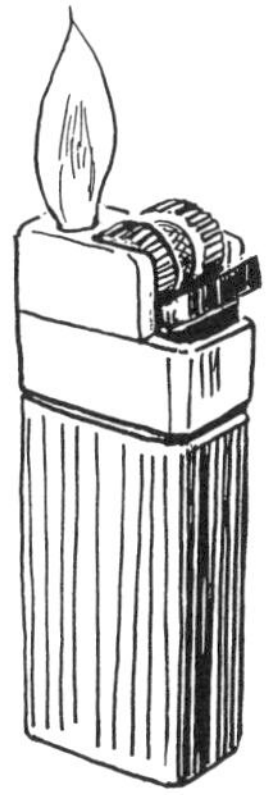

固形着火剤

ゼリー状着火剤

スパークライター

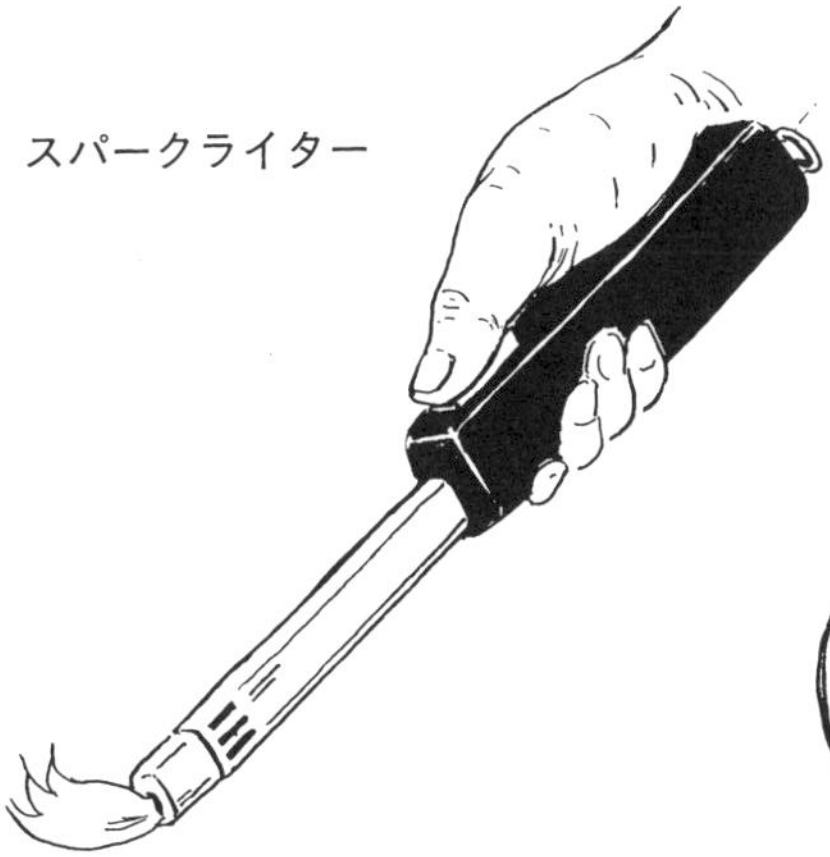

メタルマッチ

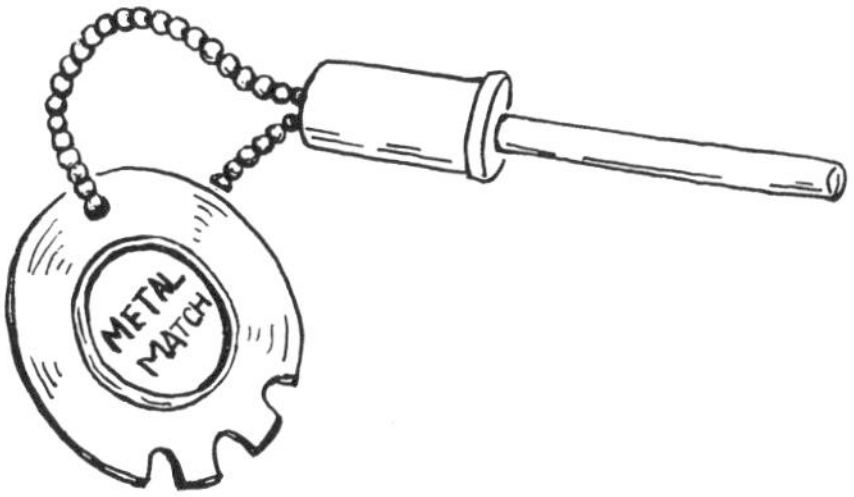

●おき火を作り、火力を調節する

●おき火になれば後は薪をくべるだけ

炭は木から作る。焚き火で枝を燃やして、おきを作り、その火で調理するということは炭火焼きの効果をねらっていることになる。

焚き火にいったん火がついたら、最終段階の太い枝が燃焼し終わるまで待つ。

やがて、木は炭状になり、炎を上げずに燃えつづける。これがおき火で火床になる。火床さえしっかり作っておけば、途中で火がたち消えたりしにくくなり、おき火がおき火をさらに作っていくから、後は薪を加えていくだけでいい。常に一定の火勢になるように、絶やさずに薪をくべていく。

●火を自在にあやつる極意

①通気口の開閉で調節

風によって火力が違ってくるため、風が吹き込む側を開けておくこと。

広く開ければ空気の通りがよくなって、火力が強まり、閉じれば火力は弱まる。これにより火を調節する。

②火が弱まったら、ささくれ薪で調節

クローズ型の焚き火を作る際には、火床の中央に山形に積み上げて、火力を一点に集中させることがポイントである。こうすると、火が分散せずに、火もちがよく調理に向く。かまどが熱の分散を防いでくれるので、上方向に熱が放出するのを調節しながら、薪をくべればいい。

火力が弱まって、火を燃やしたいときには、薪と薪の間を開けて空気の通りをよくするか、薪にささくれを作って、ささくれを下向きに火に立てかけると強火になる。

炭状のおき火になれば、後は薪を
加えるだけでいい

おき火を利用して、網焼きや保温用の
かまどを作ると便利

通気口の開閉で火力を調節する

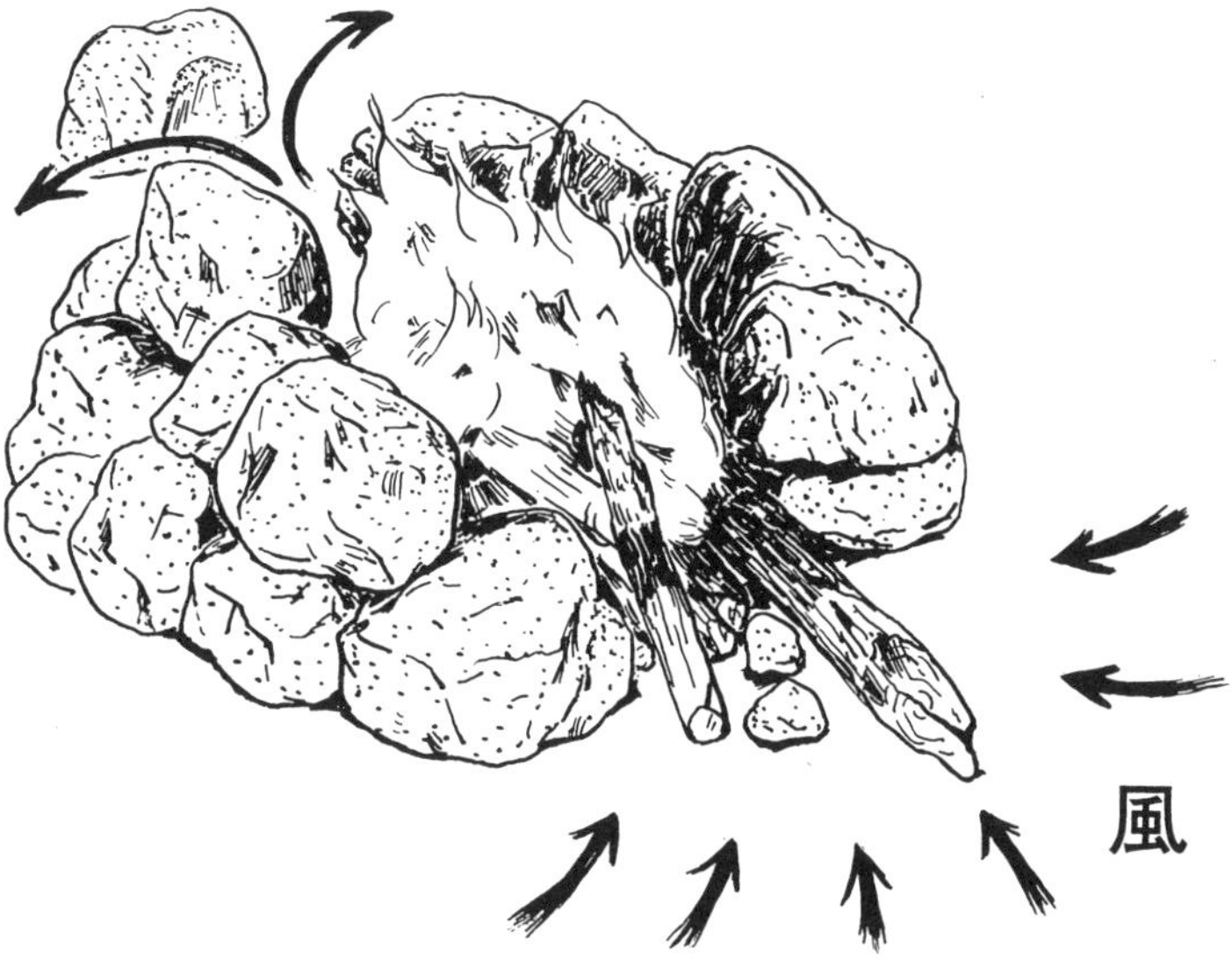

●禁止区域を避け、完全消火の確認

●焚き火の基本ルール

①延焼しやすいものの近くは避ける

火事をおこしてしまったら、「不注意」の言い訳はきかない。山でのキャンプでは、くれぐれも注意が必要。

川原や海辺においても、テントに火の粉が飛ぶような、テントに近い場所は避ける。最低三m以上離して、かまどを設営しよう。

木の根元があったり、乾燥した草むらなどはもってのほか。アッという間に火が燃え広がってしまう。

②禁止区域のルールを守る

自然保護法規定により、国立公園や国定公園などの特別保護地区内では焚き火が禁止されている。キャンプ場ではほとんどがＯＫだが、禁止区域があるところもあるので、注意。

●火消し法三段重ね

その場を離れる時間を想定し、最後は薪をくべすぎないこと。薪は完全に燃焼しきる。

①水をかける

水を一度かけて煙が出たら、火床をいったんかき混ぜて、残り火がないかどうか確認し、さらに水をかけてダメ押しをする。万が一にも、という警戒心を持とう。

②土や砂をかぶせる

水がない場所では残り火をかいて、火の勢いを分散させてから土や砂をかぶせる。火が完全に消えたことを確認する。

③踏みつける

水をかけても、土や砂をかぶせても、念には念を入れて、最後は踏みつけておこう。ほんの少しの火だねでも火事の元になる。

水を数回かけて、完全に消火する

燃えカスが残ったら持ち帰り、かまどや石を
元の状態に戻す

さらに石や土砂をかけ、踏みつける

●主材料別（掲載順）料理名さくいん

肉・卵

牛バラ肉のシチュー …………12
ハクサイの密室ショー ………14
カントリー・ビーンズ・スープ…16
ハンバーグのロールレタス …20
キャベツのポトフ ……………22
定番凝り性カレー ……………24
本格インド風カレー …………26
キムチの汗だくチゲ …………28
バラエティー・キノコ鍋 ………30
あったか煮込みうどん ………32
太ももの炊き込みご飯 ………34
スタンダード・パエリア ………36
カニミソ雑炊 …………………38
ウニタマがゆ …………………40
肉塊削り食い …………………50
ガウチョ風あばら肉のアサド …52
パリジャータ …………………54
火あぶり丸ごとチキン ………56
牛舌の粗塩蒸し ………………72
ホットドッグ二種 ……………84
豚とマグロのスペアリブ ……88
スコップの豪快焼き肉 ………90
漬け込みのみそカツ …………92
粉末ポテトのパンケーキ ……96
オリジナルチャーハン二種 …98
正調ソース焼きソバ …………100
巨大オムレツ …………………104

魚介・海藻類

和風ホワイトシチュー ………18
キムチの汗だくチゲ …………28
スタンダード・パエリア ………36
カニミソ雑炊 …………………38
ウニタマがゆ …………………40
川魚のおどり串焼き …………58
土手みそからめ焼き …………62
沸騰石焼き汁 …………………64
たたきの木の葉包み焼き ……70
マナガツオの西京風埋め焼き…74
鮮魚の天然塩釜焼き …………76
豚とマグロのスペアリブ ……88
イカスミ・スパゲティ ………102
貝焼き尽くし …………………106
生サケのチャンチャン焼き…108
一匹スズキの香草焼き ……110
貝サンガと板サンガ ………112
アジの干物 ……………………114

野菜・山菜・キノコ

牛バラ肉のシチュー …………12
ハクサイの密室ショー ………14
和風ホワイトシチュー ………18
ハンバーグのロールレタス …20
キャベツのポトフ ……………22
定番凝り性カレー ……………24
本格インド風カレー …………26
キムチの汗だくチゲ …………28
バラエティー・キノコ鍋 ………30
あったか煮込みうどん ………32
太ももの炊き込みご飯 ………34
スタンダード・パエリア ………36
混ぜご飯 ………………………42
南仏風ラタトゥユ ……………44
野草のササッパ茶 ……………46
土手みそからめ焼き …………62
沸騰石焼き汁 …………………64
タケノコのかぐや姫焼き ……68
たたきの木の葉包み焼き ……70
焼きイモ ………………………80
カボチャの詰め焼き …………82
ホットドッグ二種 ……………84
豚とマグロのスペアリブ ……88
スコップの豪快焼き肉 ………90
木の芽のお好み焼き …………94
粉末ポテトのパンケーキ ……96
オリジナルチャーハン二種 …98
正調ソース焼きソバ …………100
イカスミ・スパゲティ ………102
生サケのチャンチャン焼き…108
一匹スズキの香草焼き ……110
貝サンガと板サンガ ………112
ホットからみ餅 ………………116

豆・穀物・麺類・パン

カントリー・ビーンズ・スープ…16
あったか煮込みうどん ………32
太ももの炊き込みご飯 ………34
スタンダード・パエリア ………36
カニミソ雑炊 …………………38
ウニタマがゆ …………………40
混ぜご飯 ………………………42
チャパティーの焚き火焼き …78
ホットドッグ二種 ……………84
木の芽のお好み焼き …………94
オリジナルチャーハン二種 …98
正調ソース焼きソバ …………100
イカスミ・スパゲティ ………102
ホットからみ餅 ………………116
四角い焼きおにぎり …………118

著者プロフィール

●大森　博（おおもり　ひろし）

1949年、福島県生まれ。日本大学芸術学部中退。料理の研鑽に励むかたわら、北アルプスをはじめ、南アルプス、八ヶ岳、上信越・東北、ヒマラヤ、アンデス、アルプスなど国の内外の山行を楽しむ。1980年より東京・神楽坂で、独創的な旬感メニューと評判の「泥味亭」を切り盛りする。また、かつて各方面からの依頼でアウトドア・クッキングの講師などを務める。

著書に『元気のでる山の食事』『野外料理〜キャンプ・クッキング・メニュー60〜』（いずれも山と渓谷社）など。

至福《しふく》の焚《た》き火《び》料理《りょうり》

2024年6月5日　第1刷発行

著　　者——大森《おおもり》 博《ひろし》

発 行 者——相場博也

発 行 所——株式会社 創森社

〒162-0805 東京都新宿区矢来町96-4

TEL 03-5228-2270　FAX 03-5228-2410

https://www.soshinsha-pub.com

振替00160-7-770406

組版協力——有限会社 天龍社

印刷製本——中央精版印刷株式会社

ISBN978-4-88340-368-4 C0077